正解のない問題集

ボクらの課題編

監修 池上彰

Gakken

ボクらの課題は

世の中には「正解のない」問題があふれています。そんな問題を読者と共に考えていこうとして出版された前著『正解のない問題集　道徳編』は、幸いなことに多くの子どもたちや教育関係者に読んでいただけました。

世の中には簡単に答えが出せる問題ばかりではないのです。それでも子どもたちは、これまで学校で「正解」がある問題ばかりに取り組んできました。それはそれで人間としての基礎をつくることになるからいいのですが、やがて社会に出ると、それだけでは途方に暮れてしまいます。

そこで前著では、子どもたちに「自分の頭で考える」訓練になるような問題を集めました。ひとつひとつ回答をつくっていくのは、とても楽しかったと思います。

その取り組みが読者に受け入れられると、私たちはついうれしくなって、「第二弾を出そう」ということになりました。

ところが、この本を読めばわかるように、大人でもどんな答えをすればいいのか悩んでしまう問題ばかりが集まりました。「なんでこんな問題を選んだんだ。性格がひねくれていないかい？」と尋ねたくなる問題ばかりです。

こんな問題ばかりだと、つい回答がわりの「その後のはなし」を見たくなるかもしれません。でも、それでは、これから社会

なんだろう

で生きていく力がつきませんよ。まずは自分なりに考えて答えを出してみましょう。そのうえで「その後のはなし」を読むと、「そうか、そういうふうに考えればいいんだ」と思えるものもあるでしょうが、「えーっ、そんなの答えになっていないよ」と突っ込みを入れたくなるものもあるかもしれません。

前の本は、子どもたちだけで考えられるものが多かったのですが、今回は異なります。大人と一緒に挑戦するにふさわしい難問ばかりです。子どものあなたと大人の回答のどちらが正しいか、競い合うことができるような問題も多いのです。そこで本書のタイトルは『正解のない問題集　ボクらの課題編』としました。多くの課題が詰まっていますが、その答えとして提示されているものが、本当に正しいのか、どうか。まずは周辺の大人たちに問題をなげかけてみてください。

そこで出てくる大人の答えが正しいとは一概に言えないのが、この問題の面白さです。さて、あなたの答えは正しいのか、正しくないのか。

でも、答えが正しいって、誰が決められるのだろう。

この問題を考えるところから始めましょうか。

2024年5月

ジャーナリスト　池上 彰

もくじ

ボクらの課題はなんだろう 2

ノコレクト星のなかまたち 6

プロローグ 8

第1章 個人

1. 寄付？ ボランティア？――支援活動のはなし 13
2. 進学はあきらめる？――教育とお金のはなし 17
3. やせていると美しい？――見た目のはなし 21
4. 強い者が勝つのはいい世界？――格差のはなし 25
5. 重い期待 ――進路のはなし 29
6. 障害がある“のに”？ ――無意識の偏見のはなし 33
7. お酒なんてヤメて !? ――アルコールのはなし 37
8. 大好きな祖父 ――介護のはなし 41

第2章 環境

1. 捨てられた魚 ――生態系のはなし 47
2. 新しい道路 ――自然保護のはなし 51

3. 父の仕事は悪いこと？——地球温暖化のはなし 55
4. そんなのずるい！——先進国と途上国のはなし 59
5. 肉や魚は食べないほうがいい？——肉食の環境負荷のはなし 63
6. 突然の本社移転 ——移住のはなし 67
7. 否定された提案 ——企業と環境のはなし 71
8. がまんできない！——環境アクションのはなし 75

第３章 社会

1. 学校って必要？——教育制度のはなし 81
2. 働きたくない ——労働のはなし 85
3. この店、星いくつ？——口コミのはなし 89
4. それは希望？ 絶望？——AI のはなし 93
5. やりがいよりお金？——職業選択のはなし 97
6. 困ったらおたがいさま？——海外支援のはなし 101
7. 増えすぎてヤバイ!?——地球人口のはなし 105
8. 安さが人を苦しめる？——労働と価格のはなし 109
9. 武器で平和に？——軍事力のはなし 113
10. それって損？——安心のはなし 117
11. 海外からの働き手 ——外国人労働者のはなし 121
12. 政治家って家業？——多様性のはなし 125
13. 先輩の赤ちゃん ——子育てと社会のはなし 129
14. 幸せって何？——経済成長のはなし 133

エピローグ 138
さくいん 142

ノコレクト星の

ジャスティス

No.1

高さ 120cm ｜ 重さ 70kg

正義感があって、みんなから頼られている存在。考え方や意見がまじめ過ぎて、やや固いところが難。目玉が３つあるので、視力がとにかくいい。頭から出る３つのコブはすべて耳。

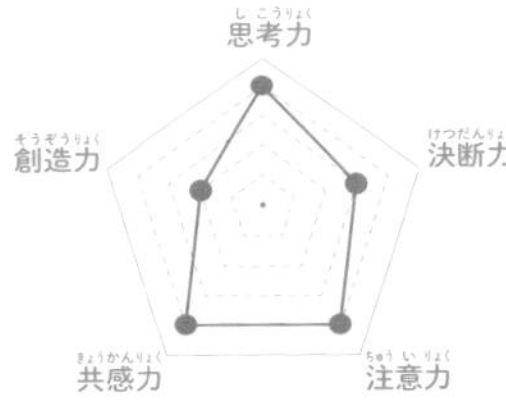

カインド

No.2

高さ 95cm ｜ 重さ 20kg

やさしい性格で、いつも笑っている。やさし過ぎて反対意見が言えないことも。６本ある手足でいろいろなことを器用にこなせるが、絡まったり、走る時にもつれたりもする。

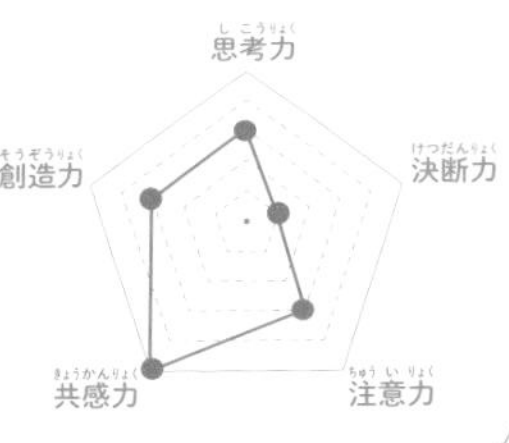

オプティミス

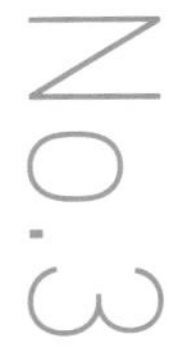

高さ 110cm ｜ 重さ 55kg

物事を深く慎重に考えることは苦手だが、楽観的で明るい性格。耳のようなひれを使って、水中をはやく泳ぐことができる。水の中から飛び出して、みんなを驚かせることにはまっている。

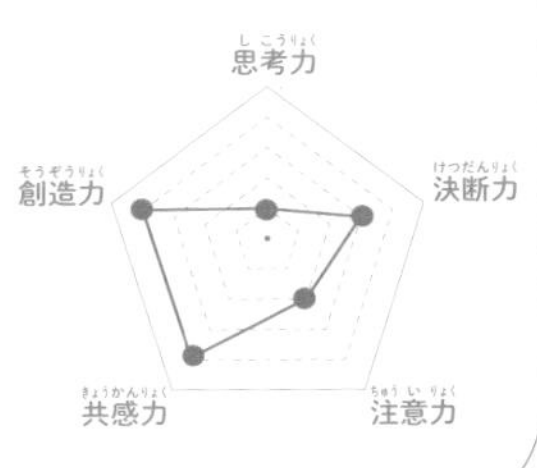

ハード

No.4

高さ 150cm ｜ 重さ 100kg

大胆で、決断力があり、いざという時に頼れる存在。他人の思いをくみ取ることが苦手。頭の触角を使って、50km 先のなかまと会話ができる。ふかふかした毛は時々、ごっそり生え変わる。

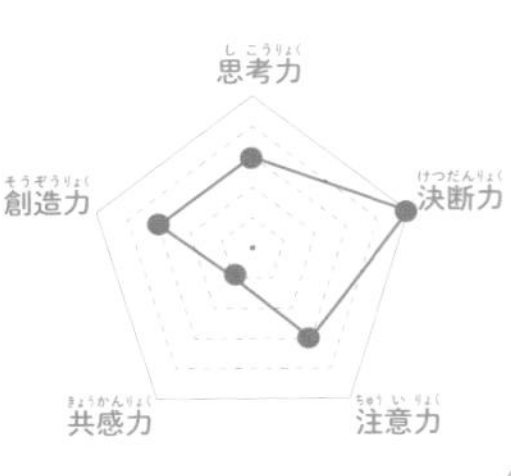

なかまたち

ベイグ

No.5

高さ 95cm | 重さ 40kg

考え方が柔軟で、他人の意見をきちんと聞く。いろいろな意見を聞き過ぎて、優柔不断になることも。耳の先端が赤く光っているが、本人もその理由はわからない。野菜を好んで食べる。

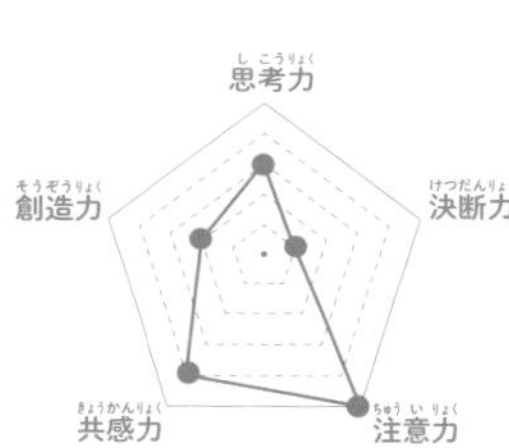

ロジカル

No.6

高さ 80cm | 重さ 15kg

論理的に考えたり、根拠を持って判断したりすることが得意。理屈っぽい性格が難。羽を使って飛ぶことができるため、小さくても視野が広いことが自慢。風に吹き飛ばされやすいことが悩み。

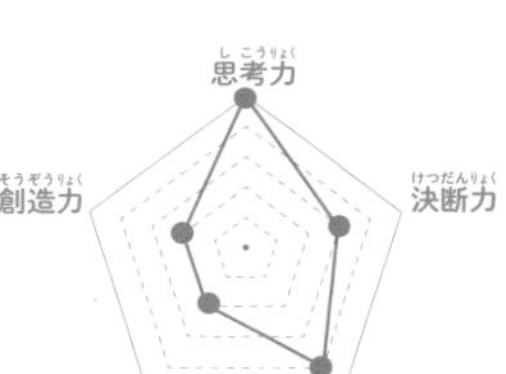

レイジー

No.7

高さ 100cm | 重さ 70kg

のんびりしていて、ゆっくり動く。怠けている時間が長いが、自分の考えをしっかり持っており、はっきり伝えるタイプ。いつも黄色い布をかぶっており、誰も本当の姿を見たことがない。

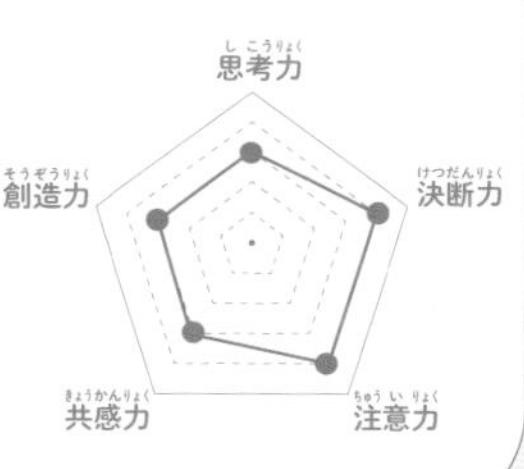

トリッキー

No.8

高さ 85cm | 重さ 20kg

頭の回転がはやく、誰も思いつかない意外な意見を出す。一人だけで盛り上がり、周りを置いてけぼりにすることがある。顔から飛び出している目のようなものはただの模様。

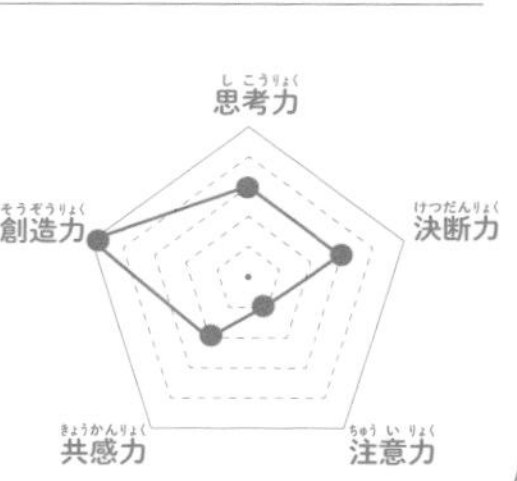

広い宇宙のどこかにある惑星
ノコレクト星。
この星では、八人のリーダーがそれぞれの
国を治め、発展させていました。

ところが…
国の発展と同時にさまざまな
トラブルが起こるようになったのです。
こうしたほうが
いい！
いや、このやり方が
いい！
ストップ！
落ち着いて
話し合おう
でも、どうしたら
いいのか
わからないね
……
どっちも正しそう

困り果てた八人は、
集まって相談しました。
そうだ！　前に、チキュウの
社会にもいろいろな問題が
あるって聞いたよ。
きっと参考になるはずだよ
また行きますか
なるほど
ほー
ふむふむ
こうして八人は宇宙船に乗り、再び地球を
目指すことにしました。
久しぶりだな～
今度はもっとディープなところに行きたいなぁ
ここからは、八人が地球で見聞きした
難問「正解のない問題」を一緒に
考えていきましょう。

第1章

Individual

ああ、地球のお金
持ってなかった
100
100
10

1. 寄付？ ボランティア？

数週間前に国内で起こった震災について、
ショウイチとリョウジは話し合っていました。

ショウイチはお金を寄付することで
被災地の人たちを助けたいと考えて、
「おこづかいやお年玉を少し寄付しよう」と提案しました。

これに対してリョウジは
今の被災地には何よりも人手が必要だと考え、
「災害支援をする
ボランティアの団体に入って、
現地で手伝ったほうが
いいと思う」と主張しました。

Q.

お金をあげる？　助けに行く？

支援活動のはなし

この問題どう考える？

自分が困っている立場だったら、お金のほうがすぐに使えるし、うれしいかも。

自分だったら、直接助けてもらったほうが、気持ちが伝わるし、お金では解決できないことにも力を貸してもらえるからいいと思う。

お金は貯めておいて必要なときに使えるけど、助けに来てくれた人が多すぎた場合、やることがない人も出てきそう。そう考えると、やっぱりお金のほうが便利なんじゃない？

被災地に芸能人が来てくれて、被災した人が笑顔になった、なんて話もあるよね。心を元気にするのは、お金じゃない気がする。

DATA1

東日本大震災での支援活動

15歳以上の男女3000人を対象に行った調査では、東日本大震災の際、なんらかの支援活動を実施した人の割合は59.5%でした。主な支援活動は、「義援金の拠出」「被災地外での募金活動」「物資の援助」のほか、被災地で生産されたものを買う「被災地産品購入」などでした。

出典：内閣府「東日本大震災における共助による支援活動に関する調査報告書」

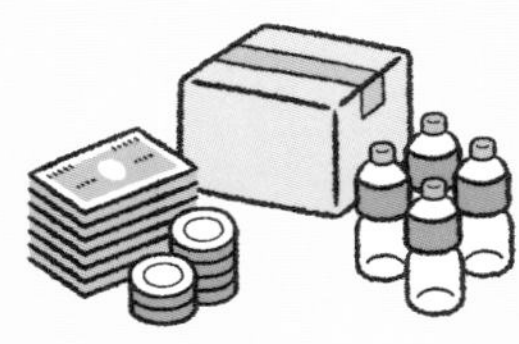

DATA2

個人からの物資支援

過去の震災では個人から届いた支援物資について、賞味期限切れの食品や着られなくなった古着など不要なものが入っていて困る例がありました。物資があっても、仕分けや配布に十分な人員を確保できない事例もありました。

出典：内閣府防災情報のページ「06. 救援物資を送る側がもう少し考えて物資を送らなければ、物資がただのゴミになってしまうのではないかと思われた。」

たしかに、人にしかできないこともあるね。たとえば、被災地で困っていることを解決できる知識や技術を持っている人がいたら、ものすごく助かるんじゃないかな？

ただ、被災地は危ないだろうから、子どもが行くと、逆に心配をかけちゃうよ。だから、子どもは自分で行くよりも、募金のほうがいいと思う。

心配や迷惑をかけるのはよくないね。現地に行くか、募金するか、その人の事情に合わせて使い分ければいいんじゃない？

支援って「1回で終わり」じゃないから、その時々で必要な手助けをしていきたいね。自分に無理のない範囲で！

あなたの意見を書いてみよう！

DATA3

支援活動に満足・不満足だった理由

東日本大震災のとき、被災者が支援活動を受けた際の「満足した理由」として多かったのは「時期が良かった」「誠意が伝わった」「量が適当または期待以上であった」などでした。一方、「不満であった理由」として多かったのは「量が適当でない」「時期が適当でない」「場所が適当でない」「対応の方法が要望どおりではない」などでした。

出典：内閣府「東日本大震災における共助による支援活動に関する調査報告書」

その後のはなし

支援活動のはなし

ショウイチとリョウジは、話し合った結果
「自分たちのような子どもが被災地に行っても、
かえって迷惑になるかもしれない」
という結論になり、お金を寄付することにしました。

ショウイチは家に帰ると、母親に寄付の話をしました。
すると「それならお母さんも少し出すわ」
と言ってお財布から千円札を
取り出しました。

COLUMN 子どもたちが行った支援活動

学研が行った調査によると、東日本大震災の際に支援活動を行った子どもの割合は約３割でした。もっとも多かったのは「募金」ですが、お金ではなく文房具やランドセルなどの物資を提供した子どもも多かったようです。また、子どもならではの支援活動として、ベルマークの点数分の金額を被災地に寄付する「ベルマーク運動」がありました。

出典：学研教育総合研究所「小学生白書 Web 版　2011 年 6 月調査〈分析編〉」

食品などの商品についているマークを集めると1点が1円となり、教育設備などが購入できます。ベルマークの点数分の金額を被災地に寄付する「友愛援助」のしくみは、阪神・淡路大震災をきっかけに生まれたと言われています。

2. 進学はあきらめる？

リコの兄のケンタローは、
進学を希望していた国立大学の受験に失敗してしまいました。
すべり止めで受けた私立大学は合格しましたが、
「私大だとお金がかかって親に迷惑をかけるし、
うちの経済状況で浪人なんてできない」と悩んでいます。

ケンタローは、自分にお金がかかることで将来、
妹のリコが大学に行けなくなることも心配しているようでした。

リコは兄の優しさに感謝しつつも、「私の進学のことなんて気にしなくていいのに」と思うのでした。

Q. 家庭の経済状況で私立大学に行けないのは不公平？

この問題どう考える？

家庭の経済状況によって進路が制限されるのは、ある程度はしかたがないんじゃない？ 全員が平等な条件なんて無理だろうし。

だけど、家にお金があるかどうかで希望する進路を選べない人がいるのは、やっぱり不公平だと思うけど。

そもそも大学に進学するのは個人の選択だよね。どうして社会が支援するべきなんだろうっていう見方もあるよね。

学びたいって人を支援するのは社会的に大事なことだと思うな。そうじゃないと、社会をよりよくすることができる人材が育つ機会を失ってしまうだろうし。

DATA1

所得別の進学率

2015年に（独）日本学生支援機構が行った調査では、住民税非課税世帯（世帯年収250万円未満程度）における大学進学率は20%で、全世帯平均は52%でした。また、高等教育進学率（大学、短大、高専、専門学校）は40%で、全世帯平均の80%の約半分と推計されています。

出典：文部科学省「高校生等への修学支援に関する参考資料（8）」

経済的理由で大学への進学が難しい人のために、奨学金があるって聞いたことがあるよ。そういうのを利用すればいいんじゃない?

でも、給付型の奨学金ならいいけど、貸与型だと社会人になってからの返済が大変らしいし……。いっそのこと、大学に行きたい人は、みんな無償で行けるように国が支援したら?

それも一つの選択肢かもね。だけど、財源はどうするの? 税金がすごく高くなるかもよ。それに、目的意識がなく大学に行く人が多くなるかも。

そっか。でも、学ぶ意欲のある人が、経済的な理由で学ぶことをあきらめなくてはならない世の中なんて、なんかイヤだなぁ……。

あなたの意見を書いてみよう!

DATA2

奨学金の種類

奨学金には返済が不要な「給付型」と返済が必要な「貸与型」の2つがあります。貸与型の場合、卒業後に借りた額を少しずつ返済しなければなりません。

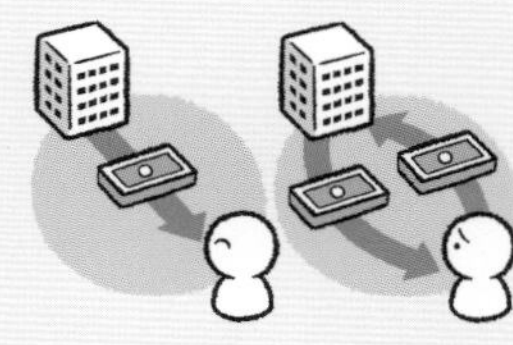

DATA3

教育機関への公的支出の割合

経済協力開発機構(OECD)は2022年に、加盟国の国内総生産(GDP)に占める教育機関への公的支出の割合(2019年時点)を発表。それによると日本は2.8%で、データのある37か国中36位で、もっとも高かったのはノルウェーの6.4%でした。

出典:読売新聞オンライン(2022年10月4日)

その後のはなし

教育とお金のはなし

休日、ケンタローが外出しているときに、
リコは両親に「お兄ちゃんが、自分が私大に行くと
私が大学に通えなくなるかもって悩んでた」と伝えました。
すると父親は「あいつは優しいからなぁ」と困り顔をして、
母親も「うんうん」とうなずきました。

その日、ケンタローが帰ってきてから四人は食卓を囲みました。
食事が終わるころ、父親はケンタローに、
「せっかく受かったんだから大学に
行きなさい。たしかに、二人とも
私立大学に受かったら大変だけど、
ケンが心配することじゃない」
と言いました。
それを聞いたケンタローは茶碗を持っ
てうつむいたまま、
「うん、ありがとう」と答えました。

COLUMN 少子化と教育費

2021年の内閣府調査によると、夫婦が、理想とする子どもの数を持たない理由について、「子育てや教育にお金がかかりすぎるから」という理由が最多でした。また、国際的な比較でも、子育てに出費がかさむと考えている人は、スウェーデン38.8%、フランス43.8%、ドイツ50.4%に対して、日本は55.6%でした。

出典：内閣官房「子育てに関する当事者の意識・声（意識調査等から）」

3. やせていると美しい？

見た目のはなし

リオは最近、SNS に自分の写真をアップすることにハマっています。
しかしある日、リオのアップした写真に対して
「二の腕の肉ヤバッ！」というコメントがありました。

落ち込んだリオは、友だちのホノカに
「私って太っているかな？」と相談しました。
ホノカは「リオは今のままで十分かわいいと思う」と言いましたが、
リオは「そんなはずない！　もっとやせなきゃ」と、
思い詰めた表情です。

ホノカはそんなリオを見て、
「もう放課後に、一緒にアイスを食べたりできないのかな？」
と、少し悲しくなりました。

Q. “かわいい見た目”ってどんな見た目？

この問題どう考える？

やせすぎは健康によくないと思うけど、「スタイルがいい」と言われる人はやせ型っていうイメージは、たしかにあるよね。

SNSに自分の写真をアップするのなら、「何を言われても平気。自分が好きでやってるだけ」ってくらいの気持ちじゃないとダメ。人に何かを言われるのが怖いなら、SNSにアップしないほうがいいと思う。

そうかもしれないけど、「より多くの人に認められる自分になる」っていう目標のために努力することって、別に悪いことではないのでは？

もちろん、なりたい自分になるために努力することはいいことだと思うけど、その「なりたい自分」の基準が人からの評価っていうのは、何か違う気がする。

DATA1

自分の容姿に誇りを持っている？

2018年度の内閣府調査では、「自分の容姿に誇りを持っている」と答えた日本の若い世代は31.9%で、他国と比べて際立って低い割合でした。

出典：内閣府「我が国と諸外国の若者の意識に関する調査（平成30年度）」

DATA2

ルッキズム

「人の外見に基づく差別」のことをルッキズムと呼びます。また、「美人」とか「イケメン」といった言葉で表されるような、人の外見をとくに重視して物事を判断する傾向を外見至上主義と呼ぶこともあります。

今は社会的にも、やせすぎの人を広告などに起用しないようにする流れがあるみたいだよ。

そうなんだ。でも、行きすぎると今度はやせている人が生きづらい世の中になってしまわないかな？
それと、個人的に「やせている人が好き」と言うのもよくないってことになるの？

それを他人に押し付けなければ別にいいんじゃない。
そもそも、キレイさやかわいさの基準なんて、人によって違うから、自分が好きな基準を信じればよいと思う。

SNSって、見る人が増えるほど気になることを言われちゃったりするから、自分に合った使い方を考えたほうがいいのかもね。

あなたの意見を書いてみよう！

DATA3

ルッキズムの問題点

ルッキズムが社会で広がり、特定の容姿の人が美しいとされると、それに合わせようとして無理なダイエットを行うなど、個人の心理面・体調面に悪影響を及ぼす可能性があります。社会的にも、就職試験など個人の能力で判定されるべき場面で不当な評価が行われる可能性が指摘されています。

DATA4

無理なダイエットの悪影響

2019年の厚生労働省の調査では、日本で基準値以下にやせすぎている人の割合は男性が3.9%、女性が11.5%ですが、20歳代の女性に限定すると20.7%もいました。しかし、誤ったダイエットによる偏った食生活は貧血などの原因となり、日常生活に支障をきたすほどの体調不良や発育障害をもたらす場合もあります。

出典：厚生労働省「令和元年　国民健康・栄養調査結果の概要」／e-ヘルスネット「若い女性の『やせ』や無理なダイエットが引き起こす栄養問題」

その後のはなし

見た目のはなし

次の日、ホノカが登校すると、
リオは機嫌がよさそうにニコニコしていました。

ホノカが「何かいいことあった？」と聞くと、
リオは「昨日、タオがDMくれたんだ！」とうれしそうに言いました。
タオは、SNSにあまり興味がないホノカでも知っているほどの
有名インフルエンサーです。

驚いたホノカが「すごい。どんなDMだったの!?」とたずねると、
リオは「もったいないから教えてあげない」と、いたずらっぽく笑いなが
ら「でもタオが、イヤなコメントされ
た私の写真をほめてくれたから、やっ
ぱりダイエットはやめる！」とニヤニ
ヤしています。
ホノカは「やれやれ……」と思いなが
らも、少し安心したのでした。

COLUMN 無理なダイエットとファッション界

2006年、アメリカでスーパーモデルとして活躍していた女性が、無理なダイエットを続けたことで拒食症になり死亡するという事件がありました。この事件を受けて、「やせすぎのモデルはファッションショーへの出演を禁止する」という動きが世界中のファッション界で広がっています。

4. 強い者が勝つのはいい世界？

格差のはなし

プログラミングが得意なツヨシは、いつか IT 企業をつくるのが夢。有名な IT 起業家の本を読んだり、経営手法を調べたりと熱心です。

ある日、IT 企業の情報に関連して、アメリカのことを調べていると、「アメリカは上位 1%の富裕層の世帯が、国全体の富の 3 分の 1 を保有し、下位 50%の世帯は国全体の富の 2%しか持っていない」という内容の記事を見つけました。

IT 企業の経営者として成功し、お金持ちになることを夢見ていたツヨシは、格差の問題があることを知って少し複雑な気分になりました。

Q. 格差が大きいことは問題？

この問題どう考える？

僕は、ほかの人たちより努力したり、結果を残したりしている人がたくさんのお金をもらえることは当然だと思うな。

だけど、使い切れないほど多額の富を少数の人が独占している社会は、いずれ大勢の人たち側の不満がたまって、持続不可能になってしまうんじゃないかな。

今、高い所得を得ている人たちも、子どものときは学校教育を受けるなど、社会全体に支えられて大人になれたんじゃないかな？
だから、自分のことだけではなくて、社会全体を考える意識も持ってほしいと思う。

DATA1

世界で広がり続ける格差

現在、世界では富と所得の格差がかつてないほど拡大しています。2017年には、世界人口のうちもっとも豊かな1%の人が持つ資産が、世界全体の資産の約3分の1に相当し、もっとも貧しい25%の人たちが持つ資産の割合は全体の10分の1しかありませんでした。

出典：国際連合「持続可能な開発に関するグローバル・レポート2019」

DATA2

日本でも広がる格差

日本では、とくに母子世帯の収入が少ないという問題があります。2018年に行われた調査によると、平均税込み年収は二人親世帯で734.7万円、父子世帯で623.5万円、母子世帯で299.9万円でした。ちなみに、可処分所得（手取りの収入）が厚生労働省が定めた貧困線（※）を下回っている母子世帯の割合は51.4%で、半分以上という結果でした。

出典：（独）労働政策研究・研修機構「『第5回（2018）子育て世帯全国調査』結果速報」

※貧困線…世帯の生活を維持するだけの所得があるか、ないかを表す指標。

お金をたくさんかせいだ人は、税金もたくさん払っているって聞くけど、それをもっと強化すれば？　その税金が社会のために使われれば、結果として社会の格差は縮まるよね。

しかし、税金が高すぎると、頑張って働く気持ちが失われてしまうこともあるかも。外国に逃げる人も出るかもしれないし。結果として社会全体の発展が進まないかも。

税金と言えば、この前テレビのニュースで、世界には税金を払っていない富裕層がたくさんいるって言っていたけど……。

みんなが納得するルールを整備していくのはなかなか難しい道のりだね。

あなたの意見を書いてみよう！

DATA3

累進課税とは？

累進課税とは、所得が高ければ高いほど税率（課される税金の比率）が引き上げられる課税方式のこと。日本では「所得税」「相続税」「贈与税」に適用されています。たとえば所得税の場合、税率は所得ごとに7段階に分けられていて、いちばん税率が低いのは所得金額が1000円～194万9000円未満の場合で5%、いちばん税率が高いのは所得金額が4000万円以上の場合の45%です。

出典：国税庁ホームページ

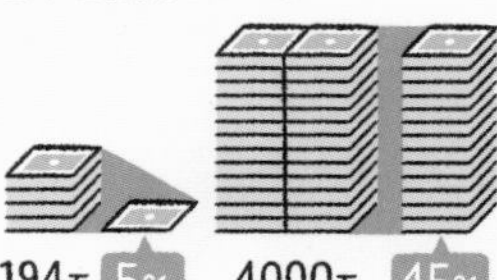

DATA4

タックスヘイブン

世界中の大企業や富裕層が、税金のがれや資産隠しのためにタックスヘイブンと呼ばれる地域に資産を移しています。タックスヘイブンでは、税率がゼロか、極めて低く抑えられています。このことで、企業が主に活動している国や富裕層が属する国で、必要な税収を得られないことが問題となっています。

出典：学研キッズネット「タックスヘイブン」

その後のはなし

格差のはなし

ツヨシがさらに調べてみたところ、
世界的な格差拡大の原因の一つに、
ＩＴの発達があることを知りました。

ＩＴの発達によるグローバル化（※）によって
世界の経済規模が拡大していて、
その結果、一部の人に富が集中しているというのです。

この日から、ツヨシには「ＩＴを使って平等な社会をつくる」
という目標ができました。

※グローバル化…経済活動やものの考え方、文化などが、国家などの境界を越えて広がること。グローバリゼーションとも言う。

COLUMN 「格差」は固定化する？

世界中でこのまま格差が広がり続けると、富裕層にだけ資産が受け継がれる一方で、低所得層の子どもはお金がないため十分な教育が受けられず、経済的に困窮したまま、後の世代まで格差が固定化すると言われています。つまり、豊かな人たちの資産はその子どもや孫以降まで増え続け、低所得層はいつまでも貧乏なままの世界がやってくるのかもしれないのです。

5. 重い期待

タクトの両親は医師で、父方の祖父も医師です。
そんな環境で一人っ子として育ったタクトは、
小さいころから両親に「将来は医師になりなさい」と言われ続けてきました。

でも、タクトは楽器を演奏することが大好きで、
本当は「音楽家になりたい」という夢があります。
しかし、6月から母親がすすめる有名塾に通うことになり、
所属していた吹奏楽部をやめることになりました。

タクトといつも一緒に演奏していたゲンは、毎日のように塾に通い、家でも夜遅くまで勉強しているというタクトの話を聞いて、親の方針とはいえ、かわいそうだなと思うのでした。

Q. 親の期待には応えたい？

この問題どう考える？

医師になれば、将来の収入は安定するかもしれないけど、やりたいことを犠牲にしてまで、親に言われるまま勉強するのはイヤだな。

でも、もし自分が親の立場だったら、「10代のときの夢」よりも、「確実な将来」のために勉強してほしいと思うかも。

タクト自身がどれだけ「夢を追いかけたい」のか、それとも「親の期待に応えたい」のかによるんじゃないの？

両親も祖父も医師なら、将来の職業としてタクトにも向いているのかも。だとしたら、素直に言うことを聞いたほうがいいって考え方もあるんじゃない。

DATA1

学校で勉強する目的

2023年に文部科学省が行った調査結果によると、中学生が「学校で勉強する目的」としてあげた上位3つの理由は、「将来の進学や仕事に役立つから」(63.8%)、「これまでできなかった（わからなかった）ことをできる（わかる）ようになりたいから」(51.4%)、「よい成績を取りたいから」(52.9%)でした。

出典：文部科学省「義務教育に関する意識に係る調査概要・集計結果（令和6年3月5日差し替え）」

DATA2

保護者がよく使う言葉

進路の話をするとき保護者がよく使う言葉について、高校生に聞いた2019年の調査では、「自分の好きなことをしなさい、やりたいことをやりなさい」がもっとも多い結果となりました。これについての高校生の反応は、ありがたいという意見と同時に、自身に託されるプレッシャーを感じるという意見もありました。

出典：（一社）全国高等学校PTA連合会・（株）リクルートマーケティングパートナーズ「第11回『高校生と保護者の進路に関する意識調査』2023年報告書」

でも、やっぱり「親にやらされている」って感覚だったら、誰だってつらいよね。

親は、子どもより人生経験が豊富だから、無駄な苦労をさせずに幸せになれる進路を取らせたくなるんだろうね。

親の生き方をまねすることがその子の幸せになるのかな？　無駄に見える苦労にこそ、その子の幸せがかくされているのかも。

なんか名言っぽいこと言ったね。

あなたの意見を書いてみよう！

DATA3

保護者にやめてほしい行動

高校生が進路を考えるうえで保護者にやめてほしい行動・態度のランキングは以下の通りでした。①望みを高く持ちすぎないでほしい（31.2％）、②プレッシャーばかりかけないでほしい（25.9％）、③勉強や成績の話ばかりするのはやめてほしい（25.8％）、④自分の考えを押しつけないでほしい（24.5％）。

出典：(一社) 全国高等学校 PTA 連合会・(株) リクルートマーケティングパートナーズ「第 11 回『高校生と保護者の進路に関する意識調査』2023 年報告書」

その後のはなし

進路のはなし

8月のある日、部活の練習のためゲンが音楽室に行くと、タクトが一人でトランペットを吹いていました。

ゲンがびっくりして「部に戻れるの？」と聞くと、タクトは「うん。親に相談したら、5時までなら部活をしていいってことになってさ」と、少しはにかんで答えました。

「演奏家になるのが夢」と言うだけあって、タクトのトランペットの腕前は、顧問の先生も部員みんなも認めています。
ゲンは「秋の大会で、またソロを吹いてくれよ」と言って、タクトの肩をたたきました。

COLUMN

2011年、日本子ども虐待防止学会は「教育虐待」という言葉を報告しました。親が子どもの受け入れられる限度を超えて勉強させることや、子どもが期待していた点数や成績を取れないと罵倒することなども、虐待ととらえられる可能性があるのです。子どもは親の所有物ではありません。親子とはいえ、子どもを一人の人間として尊重する姿勢が大切なのです。

6. 障害がある“のに”？

無意識の偏見のはなし

今日の午後は、ショーゴが通う中学校に
車いすバスケの選手たちがやってきて練習試合をすることになっています。
バスケ部員のショーゴは、車いすバスケをテレビで見たことがあり
間近で見られることを喜んでいます。

ショーゴは友だちのケンスケに「車いすバスケって、スピード感があるんだ。障害があっても、あんな迫力があるプレーができるなんてすごいよ」と熱っぽく語りました。
するとケンスケは冷静に「“障害があっても”は不適切じゃない？ショーゴには障害がある人はおとなしくて元気がないっていう偏見があるんじゃないか？」と言ってきました。

ショーゴは「そんな気はないのに…」と黙ってしまいました。

Q. ショーゴの発言は不適切？

この問題どう考える?

ショーゴは純粋に車いすバスケに魅了されていたようだし、そんなに気にしなきゃいけない発言かな? 悪気はないと思うよ。

悪気のあるなしではなくて、無意識に偏見があるんじゃないかという話だよ。“障害があるのに”とか“障害があっても”という言い方は、僕はあまり好きじゃないな。

たしかに。その言い方には「障害がある人は助けを必要とする人だ」という無意識の決めつけが隠れているよね。自分がそう言われたらイヤかも。できることだってたくさんあるのに。

でもさ、社会には依然として障壁(バリア)はあるわけでしょ。だから、支えようっていう気持ちはみんなが持っていたほうがいいよね?

DATA1

パラスポーツについて

2022年に日本パラスポーツ協会が、障害のない人を対象に行った「障がい者スポーツ」との関わりを聞いた調査では、「競技大会をテレビやインターネット、ラジオで観戦した」がもっとも多く11.2%、次いで「日々の生活の中で、障がい者がスポーツをしているのを見たことがある」が4.7%でした。

出典:(公財)日本パラスポーツ協会「パラスポーツの振興・共生社会の実現に係わる意識調査」

DATA2

無意識の決めつけ

「看護師」というと優しそうな女性、「モデル」というとスタイルのいい男女をイメージするといった「この人はきっとこうだ」という無意識でしている見方の偏りのことをアンコンシャス・バイアスと言います。誰もがアンコンシャス・バイアスは持っています。自分のアンコンシャス・バイアスを意識することが大切です。

必要なときや「手伝って」と言われたときだけ配慮すればいいと思うよ。障害がある人を特別な目で見すぎないほうがいいと思うんだ。

でも難しいところだね。意識して理解しようとしないと他人の不便に気付くことってできないから。無関心はよくないしね。

無関心ではなくて関心は持ちつつ、特別視しすぎないってことさ。障害がある人って、世の中には大勢いるんだから。

そうだね。助けが必要な度合いも人さまざまだしな。自分の心のなかに無意識な決めつけがないか、気をつけるようにしようっと。

あなたの意見を書いてみよう！

DATA3

障害の社会モデル

障害は個人にあるのであって、その個人の工夫や努力や治療によって解決すべきものとする考え方を「障害の個人モデル（医学モデル）」と言います。一方で、「障害は社会の側にあるのであって、社会の側の工夫や努力、改革で解決すべきである」とするのが「障害の社会モデル」です。この障害の社会モデルは2006年に国連（国際連合）総会において採択された「障害者の権利に関する条約」に示されています。

その後のはなし

無意識の偏見のはなし

車いすバスケの練習試合が終わると、
生徒たちが選手を囲んで質問タイムになりました。
隣のクラスのユウキが「ものすごい迫力でびっくりしました。
でも、車いすだと移動とか大変ですよね？」と質問すると、
シノハラ選手はタオルで汗を拭きながら「そうですね、コートに入れば自由を感じますが、そこに行くまでが大変です」と答え、さらに
「この学校の体育館も入り口に段差があるので、スタッフのサポートがないとスムーズに入れません」と苦笑いしました。

ショーゴはケンスケから受けた指摘を振り返り、「社会や人の心が変われば、障害がある人ももっと生きやすくなる」という、学校の授業で学んだことを痛感したのでした。

COLUMN「私たちのことを、私たち抜きに決めないで」

2006年12月、国連総会で、「障害者の権利に関する条約」が採択されました。条約は、国どうしの話し合いで作られることが普通です。しかし、この条約を作るための話し合いには、障害者団体も参加しました。それは、「私たちのことを、私たち抜きに決めないで」（英語でNothing About Us Without Us）という考え方が大事にされたからです。誰かの考えを押しつけず、当事者に意見を聞くことの重要性がわかります。

出典：外務省「障害者権利条約」

7. お酒なんてヤメて!?

アルコールのはなし

サチエはある日、保健の授業で
アルコールが体に悪いと習い、びっくり。
サチエのお父さんは仕事から帰ってくると
いつもビールを飲んでいます。

慌てて家に帰ったサチエがお母さんにそのことを伝えると、
お母さんは「サチエの言っていることもわかるけど、
大人にはお酒を飲みたいときもあるの」
と言い、難しそうな表情です。

お父さんに長生きしてほしい
サチエは、
お父さんが帰ってきた後、
授業で習った話を何度も伝え
ました。

Q. お酒なんてないほうがいい?

この問題どう考える？

うちのお父さんもたまに酔っぱらって帰ってくるけど、そんなときは明るいし、楽しそうでいいと思う。大人には必要なものなのかも。

たまに楽しく飲んでいる分にはいいけど、度がすぎるとよくないよね。しつこくからまれたりしたら最悪！

ストレス発散になるからお酒を飲むっていう大人もいるよね。ストレスって心や体に悪い影響があるらしいから、たまに飲んでそれが発散できるなら、いいんじゃないかな？

でも、アルコール依存症になると、仕事や日常生活を送ることが難しくなってしまう場合もあるんだって。お酒を国が規制したほうがいいんじゃない？

DATA1

“飲みすぎ”は全体の12%以上

2019年の調査では、日本で生活習慣病（※）になる可能性を高める量のお酒を飲んでいる人の割合は、男性が14.9%、女性が9.1%という結果でした。ちなみに、もっとも多く日常的にお酒を飲んでいる世代は、男性では40代、女性では50代です。

出典：厚生労働省「令和元年　国民健康・栄養調査結果の概要」

※生活習慣病…脂質異常症、高血圧、糖尿病など、食生活や運動不足などの生活習慣が引き起こす病気の総称。

DATA2

アルコール依存症とは？

大量にアルコールを飲むことで、アルコールがなくてはがまんできなくなる病気のこと。手のふるえや不安、睡眠障害といった身体的な症状のほか、自殺や周囲の人への暴力を引き起こすこともあります。2016年の調査では、日本のアルコール依存症の患者数は約12万人、潜在的な依存症者数は57万人と推計されています。

出典：厚生労働省「特集　依存症は“回復できる病気”です」

昔、アメリカでは法律でお酒を造ることや売ることが禁止されたことがあるけど、結局うまくいかなかったんだって。
やっぱり、大人にはお酒が必要なのかもしれないよ。

お酒が禁止されている国もあるみたいだし、そうとは言い切れないんじゃないかな？

でも、もし禁止になったら、お酒を造ったり、売ったりしている人たちの今の仕事はどうなるんだろう……。

う～ん。そういう影響も考えると、急に国が「今日からお酒は禁止！」って決めるわけにはいかなそうだね。

あなたの意見を書いてみよう！

DATA3

禁酒法とは？

1919年にアメリカで定められた、0.5％以上のアルコール分を含む飲料を作ることや販売すること、運ぶこと、お酒の輸出入などを禁止した法律。しかし、法律でお酒を禁じられたことでギャングなどによるお酒の密造や密売が増え、反社会的な組織の勢力拡大の原因となりました。そのため批判も多く、1933年に廃止されました。

その後のはなし

アルコールのはなし

サチエの不安を理解した父親は、
「じゃあ、お酒で太るのを防ぐために
ウォーキングをしてみよう」
と言いました。

続けて、「サチエも大きくなったらお酒のよさがわかるようになるよ、
そのときは一緒に飲もう！」
と言って笑いました。

「そんな日が来るのかなあ……？」
と思うサチエでした。

COLUMN お酒を飲むのは大人のたしなみ？

“飲みニケーション”は、お酒を飲みながら友だちや家族と楽しく会話を楽しむことを指します。以前は、大人どうしで楽しい時間を過ごすためにはお酒が必要だとされていましたが、最近ではお酒を飲まなくても大丈夫という考え方が広がっています。海外では、あえてお酒を飲まずに楽しむライフスタイルを意味する“ソバーキュリアス”という言葉も登場しています。

8. 大好きな祖父

レンは、祖父と過ごす時間が大好きです。
しかし最近、祖父は骨折をきっかけに
自由に歩くことができなくなってしまいました。

レンの両親は共働きで、祖父を常にサポートすることができません。
そこで、祖父を介護施設に入れる相談をしています。

それを聞いたレンは、祖父にとって、
住み慣れた家を離れることはつらいのではないかと考えました。

そして、「お父さんはおじいちゃんに育ててもらったのだから、今度は家族全員でおじいちゃんのサポートをするべきではないか」と思い、両親の話に不満を覚えました。

Q. おじいちゃんを施設に入れるのは冷たい？

この問題どう考える？

レンの家は共働きだし、おじいちゃんを介護施設に入れるのはしょうがないと思うな。

在宅で介護をしてくれるサービスを使うという考え方もあると思うけど、ずっと家にいてくれるわけじゃないしな。それにお金もかかりそう……。

介護費用に関しては介護保険が適用されるから、日本では自己負担額は１～３割ほどらしいよ。

結局は、親を自分で介護したいかどうかという気持ちの問題かもね。自分だったら、できるだけ一緒にいたいかも……。

DATA1

増え続ける要介護者

2020年度に要介護または要支援の認定を受けた人の数は、668.9万人でした。また、65～74歳で要支援の認定を受けた人は1.4%、要介護の認定を受けた人が3.0%だったのに対して、75歳以上ではそれぞれ8.9%と23.4%となっていて、認定を受ける人の割合が大きく上昇します。

出典：内閣府「令和５年版高齢社会白書」

DATA2

介護離職問題

家族の介護を抱えている労働者が仕事をやめてしまうことは、介護離職と呼ばれています。労働者本人の収入が低下してしまうことはもちろん、経験を積んだ人が仕事をやめてしまうことは、社会にとっても大きな損失です。

出典：厚生労働省「仕事と介護の両立　～介護離職を防ぐために～」

レンのように、育ててもらった親を介護することは義務と感じている人もいるんだろうね。でも、もし自分が親だったら、子どもに自分の介護を負担させたくないな。

家族の誰かが仕事や学校をやめて、家で介護をしているケースもあると聞くね。もしそうなったら収入が減ってしまうから、子どもの進学をあきらめなくちゃいけなくなったりするかも。

負担の話をするのもわかるけど、自分はマイナスなことばかりじゃないって思うな。親の介護を通じて家族のきずなが深まったり、人として成長したりすることだってあるんじゃないかな。

介護を受ける本人の意向も聞いたうえで判断したいよね。

あなたの意見を書いてみよう！

DATA3

ヤングケアラー問題

「ヤングケアラー」とは、本来大人が担うと想定されている家事や家族の世話などを日常的に行っている子どものことです。高齢者のほか、幼いきょうだいや精神的な問題を抱える家族のケアをしている場合もあり、責任や負担の重さにより、学業や友人関係などに影響が出てしまうことがあります。

出典：こども家庭庁「ヤングケアラーについて」

その後のはなし

両親と祖父が相談した結果、
祖父は隣の駅にある介護施設に入ることになりました。

祖父が施設に入る日、
レンの家族は祖父のベッドを囲んで昼食をとりました。

祖父は「実は少し楽しみなんだよ」と言います。
いろいろな人に出会えること、体を使ったり、頭を使ったり、
いろいろなイベントがあることを楽しみにしているようです。

そんな話に安心しつつも、
レンはできる限り祖父に
会いに行きたいと思いました。

COLUMN 老々介護問題

介護が必要な人のうち、半数以上の 54.4％は同居している人が主に介護をしています。そして、介護者の年齢を見ると、男性では 72.4％、女性では 73.8％が 60 歳以上です。こうした、お年寄りがお年寄りを介護する「老老介護」という状態の人たちが増えていることも社会問題となっています。

出典：内閣府「令和５年版高齢社会白書（全体版）」

第2章

環境

Environment

僕、今おならしたけどね
やれやれ
ぷっ

1. 捨てられた魚

生態系のはなし

サオリが父親と一緒に歩いていたときのことです。
池で釣りをしていた人が、
突然、釣った魚を背後の林の中に投げ捨てました。

驚いたサオリに父親は
「あの魚は外来種で生態系を壊してしまうから、
池に戻してはいけないことになっているんだよ」
と教えてくれました。

「ふ～ん、でもかわいそうだね」
とサオリが言うと、
父親は「あの魚を連れてきたのも人間だからな……」
とつぶやきました。

Q. 外来種なら殺してもよい？

この問題どう考える？

外来種を駆除しないと、もともといた生き物に悪影響を及ぼし、生態系が壊されてしまうことがあるんだよね。だったら、生態系を守るためにもしょうがないと思うけど。

殺さずに生態系を守る方法はないのかな？

うちの近所の小川はアメリカザリガニだらけだし、学校の池もミドリガメだらけだよ。あまりにもたくさん外来種がいるから、殺さずに排除するのは難しいんじゃないかな。

外来種が日本の生態系を脅かすとされるけれど、ずっと昔から新しい生物が入ってきては日本に定着してきたんだよね。自分としては、そんなに今の生態系を守らなきゃいけないのかなって思ってしまう。

DATA1

外来種とは？

外来種（外来生物）とは、もともとその国や地域にいなかったのに、人間が外国やほかの地域から持ち込んで定着した生き物のことです。外来種は日本の生態系を脅かすだけでなく、中には毒を持っていたり、畑を荒らしたりするなど、私たちの生活に直接悪い影響をもたらすものもいます。

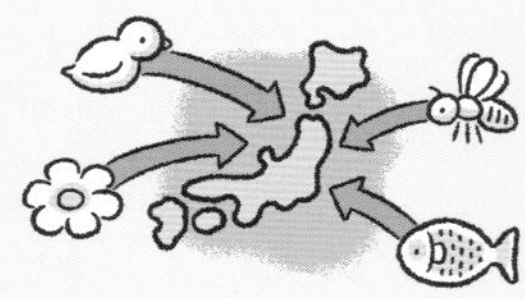

DATA2

代表的な外来種

現在、日本には 2000 種以上の外来種がいると言われていて、有名なものにブラックバスやカミツキガメ、アライグマ、アフリカマイマイなどがあります。外来種はペットや家畜、害虫駆除といった目的で日本に持ち込まれたもののほか、外国からの荷物に紛れ込んでやってきたものもいます。

出典：国立環境研究所「侵入生物データベース」／環境省こどものページ「しってるかな？　外来生物」

外来種の中には狂暴だったり、毒を持っていたりして危険なものもいるよね。さすがにそういう生物が増えたら困るけど。

でも、もともと日本にいる生き物だって、狂暴だったり、畑を荒らしたり、毒を持っている生物はいるよね。「危険だから殺していい」って理屈は、おかしいんじゃないのかな。

そもそも、外来種よりも人間のほうがよっぽど生態系を壊している気がする。生き物が多くすんでいる池を埋め立てたり、山を開発して住宅地にしたり。

自然の中で暮らしてきた生き物にとっては、たしかに人間のほうが「外来種」かもしれないよね……。

あなたの意見を書いてみよう!

DATA3

外来生物法

外来種対策として、日本では2005年から外来生物法という法律が施行されています。この法律では、問題の大きな外来種を「特定外来生物」に指定しています。特定外来生物を不正に輸入した場合、3年以下の懲役または300万円以下の罰金が科されます。

その後のはなし

生態系のはなし

翌日、サオリは学校の先生に見たことを話しました。

先生は「命は大切にすべきだけど、
日本の自然や生態系を守ることも大切だし、難しい問題だね」
と考え込んでしまいました。

サオリと先生は、
どうすればこれ以上外来種を増やさずにすむのか話し合い、
次の理科の授業でこれ以上広げないための方法を
調べることになりました。

COLUMN 日本の在来種も海外では外来種!?

日本の在来種が海外に持ち出されて外来種となったものもあります。たとえば日本で人気者のカブトムシは、ペットとして輸出され、東南アジアで自然繁殖して現地の在来種の減少が懸念されています。ほかにもマメコガネやアゲハチョウなど、日本ではおなじみの在来種が海外の生態系を脅かしている例も多数あります。みなさんも調べてみましょう。

2. 新しい道路

自然保護のはなし

ユウイチが暮らす村では、若者たちが都市部へ移り住み、
高齢化が進んでいます。

そんな村では、近くの森林を切り開いて
都市部への近道となる道路を造る計画が持ち上がりました。

しかし、ユウイチの祖父は、
「あの森があるおかげで豊かな生態系が守られているし、
洪水だって防いでくれている。森を守るべきだ」と大反対。

一方、ユウイチは祖父の意見
に納得しつつも、
「近道ができて便利になった
ほうが、暮らしやすくなって
いいと思うけど……」と、
祖父に言いました。

Q. 近道のために森を切り開いてもいい？

この問題どう考える？

都市部に行きやすくなれば、村に戻ってくる人や新しく住む人が増えるかも。村の発展や存続のためにも、森を切り開くのはしかたないんじゃないかな。

いや、ユウイチのおじいちゃんの言うように、森はいろんな恵みを人間にもたらしてくれているのだから、開発にはもっと慎重になるべきだと思う。

道ができて便利になるって具体的にどういうことなんだろう？　買い物に行けるとか、病院が近くなるとかかなあ？

そう思うな。それから、災害が起きたときに道路が複数あることで、村が孤立する可能性も少なくなると思う。

DATA1
森林の役割

森林は、木材生産のほか、渇水や洪水を緩和する水源かん養機能、山地災害の防止機能、二酸化炭素の吸収や酸素の放出、騒音防止などの生活環境の保全機能、レクリエーションや自然環境教育の場、野鳥の生息の場などの保健文化機能など多面的な機能を持っています。

出典：三重県「森林のはたらきと役割」

DATA2
災害と道路

2024年1月に発生した能登半島地震では、地震の被害で道路が寸断され、食料や飲料水など必要な物資が届かず、避難生活や復旧作業に大きな影響をもたらしました。

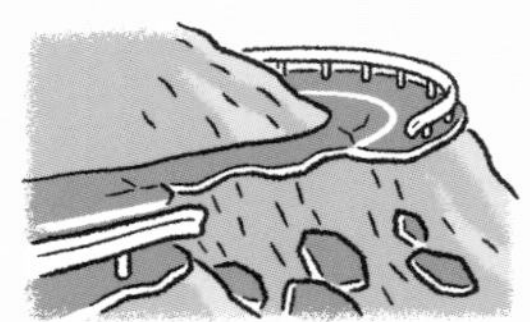

なるほど。でも、たとえそういう利益があっても、森がなくなってしまうことの不利益のほうがもっと大きいかもしれないよね。

それはそうだけど、僕は暮らしの便利さがいちばん大事なことだと思うけどなあ。

なんとかして、便利さと自然保護を両立できるといいと思うんだけど……。

道ができて都市に出やすくなることで、都市に移住する人がもっと増えて、村の人たちが減ってしまうこともあるのかな。
そうなると、道ができるのは村の人たちにとってどういうことになるんだろう……。

あなたの意見を書いてみよう！

DATA3

野生動物と道路

森で暮らす小動物の行動範囲は意外と広く、道路によって森が分断されると、エサが足りなくなってしまう懸念があります。また、道路を横断しようとした動物がクルマにひかれてしまう「ロードキル」という問題もあります。

DATA4

日本の原風景「里山」

自然と都市との中間にある集落や、それを取り巻く農地やため池、森林などを「里山（里地里山）」といい、日本の国土の約40％を占めると言われています。里山では、古くから人の手が入ることによって生態系のつり合いが保たれてきたため、人がいなくなると土地が荒れ、古くから保たれてきた生態系のバランスが崩れてしまいます。

その後のはなし

自然保護のはなし

ユウイチは祖父とともに
伐採が計画されている森を見に行きました。

祖父は「森には村を流れる小川の水源があって、
昔から豊かな水をもたらしてくれてきたんだ。
村の田んぼや畑では、その水を使っているんだよ」
と説明してくれました。

ユウイチは、穏やかに広がる森を目の前にして、祖父の気持ちがわかったような気がしました。

COLUMN 森林が持つ大切な役割

森林には、雨水をためて水害を防いだり、きれいな地下水や湧き水にしたりする役割があります。また、光合成によって二酸化炭素を吸収することで、地球温暖化を防ぐ役割もあります。しかし世界の森林は年々減少しており、地球温暖化の一因になっています。1990年から2015年までの25年の間に減少した世界の森林面積は、南アフリカ共和国の国土面積に匹敵する1.29億ヘクタールとも言われています。

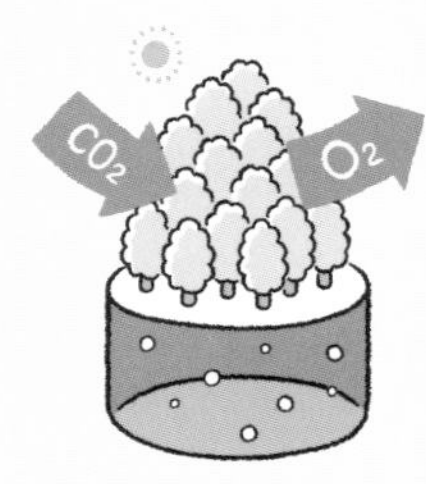

出典：環境省「国際的な森林保全対策」

3. 父の仕事は悪いこと？

地球温暖化のはなし

社会科の授業で、マナブは
火力発電所や工場などが出す二酸化炭素が、
地球温暖化や環境破壊の原因の一つであることを学びました。

マナブの父親は火力発電所で働いています。
授業後、マナブはモヤモヤした気持ちになりました。

その日の夜、帰ってきた父親に対し、
マナブは「お父さんの仕事って悪いことなの？」と聞きました。
すると、「二酸化炭素を出さずに電気ができればいいんだけどな」と、父親は難しい表情を浮かべました。

Q. 地球温暖化をもたらす発電所や工場はいらない？

この問題どう考える？

火力発電所や工場などが出す二酸化炭素が地球温暖化の原因になっているのなら、未来の地球のためにも、すぐにやめるべきだと思う。

いや、発電所で作られた電気を使い、工場で作られた製品で便利な生活をしているのはみんな同じでしょ。だから、発電所や工場だけを悪者にするのはおかしいと思うけど。

電力や工業製品を使う生活をあきらめられないなら、今の状況を受け入れるしかないのでは？

でも、このまま二酸化炭素が増え続けて、地球温暖化が進んでいったら、将来は自分たちが地球に住めなくなるかも。だったら国や企業だけでなく、僕たち一人ひとりがしっかりと考えて、みんなで協力していかないと……。

DATA1

火力発電のデメリット

現在、日本の全発電量の72.8%を、石油や石炭、液化天然ガス（LNG）などの化石燃料を用いた火力発電が占めています。火力発電は温室効果ガスの一つである二酸化炭素を排出し、地球温暖化を引き起こすほか、将来的な化石燃料の枯渇という問題もあります。

出典：経済産業省資源エネルギー庁「令和4年度（2022年度）エネルギー需給実績（確報）」

DATA2

もっとも二酸化炭素を排出しているのは？

日本の部門別二酸化炭素排出量の割合は、エネルギー転換（発電所など）がもっとも多く40.4%を占めています。以下、産業（工場など）が25.3%、運輸（自動車など）が16.7%、家庭の業務その他4.8%などが続きます。

出典：国立環境研究所温室効果ガスインベントリオフィス「日本の1990-2021年度の温室効果ガス排出量データ」

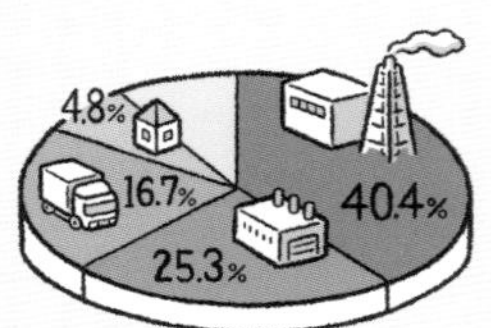

二酸化炭素排出量の少ない原子力発電や再生可能エネルギーを積極的に取り入れている国も多いと聞くけど、そういう解決策はどうなのかな？

原子力発電は安全性や廃棄物の問題があるみたい。再生可能エネルギーは立地などの条件が限定されたり、発電量が不安定だったりすると聞くよ。
だから、火力発電を残している国も多いんだって。

そうなんだ、なかなか万能な解決策っていうのもないんだね。考えてたら頭が熱くなってきた……、この熱で発電できないかな？

……できたらエネルギーを自給自足できてよさそうだね。

あなたの意見を書いてみよう！

DATA3

原子力発電の問題点

原子力発電は、発電時に二酸化炭素をあまり排出しない発電方法である反面、大きなリスクもあります。2011年の東日本大震災に伴う福島第一原子力発電所事故では、放射性物質が外部へと放出される重大な事態が発生し、周辺地域では今も避難生活を余儀なくされている人がいます。このほかにも、放射性物質に汚染された廃棄物が発生するなどの問題もあります。

DATA4

再生可能エネルギー

太陽光や太陽熱、風力、バイオマス、地熱など、地球の自然現象の中で更新されるエネルギーの総称。これらを用いた発電は、発電時に二酸化炭素を排出しないという特徴があります。

その後のはなし

地球温暖化のはなし

マナブは父親にも教えてもらいながら、
日本の火力発電の現状について調べました。

すると、電力の安定供給には火力発電が必要で、
今は二酸化炭素削減のための技術も進んでいることがわかりました。

それに日本の風土では、
太陽光発電や風力発電など、
二酸化炭素が発生しない方法での
電力の安定供給はまだ難しいようです。

調べているうちに、マナブは父親の仕事を誇らしく感じるようになりました。

COLUMN 再生可能エネルギーと火力発電

現在、先進国では再生可能エネルギーによる発電が増えつつありますが、コストが高く、発電量も不安定というデメリットがあります。火力発電は二酸化炭素の排出量が多いというデメリットがある一方で、安定的に供給することができるほか、経済性、安全性などのメリットがあります。ちなみに、日本の火力発電所は、二酸化炭素の排出を抑える技術も世界トップレベルです。

4. そんなのずるい！

先進国と途上国のはなし

ヒロユキとアキラは、学校の授業で日本の二酸化炭素排出量が減ってきていることを学びました。一方で、世界全体での排出量はあまり減っていないことに気付きました。

するとアキラが、「前にお父さんが、発展途上国（※）の中には、日本みたいに二酸化炭素をたくさん排出して発展してきた先進国が、今になって規制を求めるのはずるいと考えて、地球温暖化対策にあまり熱心じゃない国があるって言ってたな。そのせいじゃない？」と言いました。

ヒロユキは「みんなで協力して地球を守らなきゃいけないのに」と思いました。

※発展途上国…産業・経済などがまだ十分に進んでない国。開発途上国、途上国とも言う。

Q. 先進国が二酸化炭素排出量対策を主張するのはずるい？

この問題どう考える？

先進国はこれまでたくさん二酸化炭素を排出してきたんだから、これから発展する国の排出量を制限しろというのはずるいと思う。

とはいえ、このまま地球温暖化が進んだら結局途上国側も困ると思うけど。

発展途上国はまず自国の経済発展に力を入れているってことかもね。自分たちが豊かになる前に世界全体のことを考えるのって、現実的に難しいと思う。

でも、先進国は長い間二酸化炭素を排出してきたのだから、もっと責任を取るべきだよ。

DATA1

国連の気候変動枠組条約

地球温暖化がもたらすさまざまな悪影響を防止するための国際的な枠組を定めた条約で、1994年に発効しました。この条約では、全締約国の義務（温暖化対策計画の作成・実施など）と、先進国の義務（途上国への資金供与、技術移転を行うなど）が定められています。

DATA2

「共通だが差異ある責任」とは？

地球温暖化への責任は全世界共通のものですが、歴史的な排出量などを考慮し、先進国の責任がより大きいため、途上国と差異があるという考え方です。

具体的にどうやって？

たとえば、先進国が途上国の排出量を抑えるための技術を教えたり、援助したりする方法があるんじゃないかな？

それだけで温暖化対策に十分かはわからないけれど、たしかに一つの責任の取り方かもね。

地球規模の問題の解決のためには、異なる国に暮らす相手の状況をまずよく知ることが大事なのかも。

あなたの意見を書いてみよう！

DATA3
国ごとの二酸化炭素排出量

2018年の調査では、世界の二酸化炭素排出量は335億トンで、そのうち28.4%の95.3億トンを中国が、14.7%の49.2億トンをアメリカが排出しています。そのあとにインドの6.9%、ロシアの4.7%と続き、日本は3.2%の10.8億トンで、5番目に二酸化炭素排出量が多い国です。

出典：環境省「世界のエネルギー起源 CO_2 排出量（2018年）」

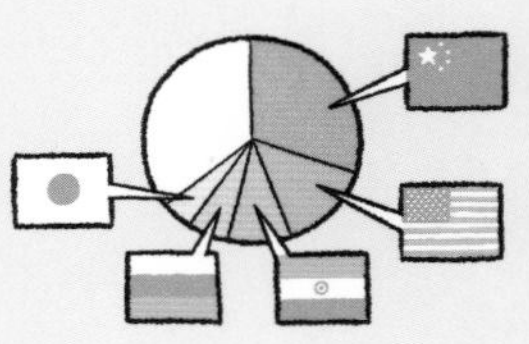

DATA4
国民一人あたりの二酸化炭素排出量

国民一人あたりの二酸化炭素の排出量を調べた結果では、日本人は年間8.55トンで、アメリカの15.03トンよりは少ないですが、中国の6.84トンより多いというのが実状です。

出典：環境省「世界のエネルギー起源 CO_2 排出量（2018年）」

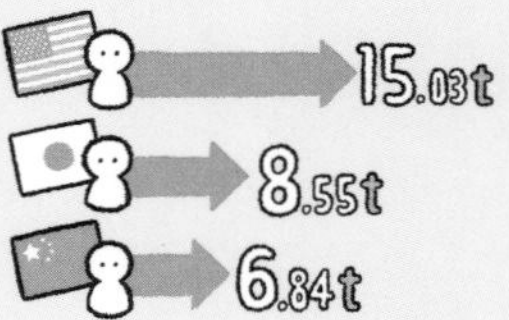

その後のはなし

先進国と途上国のはなし

翌日、ヒロユキはアキラに「調べたら、国民一人あたりの二酸化炭素排出量だと、中国より日本のほうが多いんだって」と、昨日の話題を続けました。

アキラは「だとしたら、日本もまだまだ対策が必要なんだな」とため息をつきます。

ヒロユキは「自分事として考えないと」と言って、教室のエアコンのリモコンを操作し、設定温度を上げるのでした。

COLUMN 悪いのは新興国!?

現在、二酸化炭素の排出量は先進国では減少傾向にありますが、発展途上国（とくに新興国）では増加傾向にあります。その背景には、先進国では工場などの生産拠点を海外（主に新興国）に移す企業が増えたという事情があります。その結果、世界全体で見ると二酸化炭素の排出量はいぜん増加傾向にあるのです。つまり、「二酸化炭素の排出量が増えている新興国が悪い」といった、単純な問題ではないのです。

5. 肉や魚は食べないほうがいい？

肉食の環境負荷のはなし

その日の夕食は、シゲルの大好物の牛肉のステーキでした。
シゲルは「うまい！　やっぱり晩めしはステーキに限る!!」とご満悦です。
するとシゲルの父親が、「牛を育てることが、実は地球環境に大きな負担をかけているって知ってるか？」と聞いてきました。

シゲルが興味なさそうに
「そうなの？　そこらへんで草とか食べて育つんじゃないの？」と言うと、
父親は「牛は大量の水を使って育てた農作物を食べて育つから、一頭を育てるのにも、ものすごい量の水が必要なんだよ」と教えてくれました。

シゲルが「肉より魚を食べたほうがいいの？」と聞くと、父親は「それがな、今は魚もとりすぎで減っていて、お前の好きなマグロも絶滅が心配されているんだ」と答えました。

肉や魚を食べるのはいけないこと？

この問題どう考える？

動物を育てるために農作物が必要なのは知ってたけど、水も消費しているんだね……。

水の大切さって、意外と実感しにくいよね。

食べる人の問題というよりも、生産者側の問題という気もするけど。環境に優しい生産方法はないのかなあ……？

そういう生産方法もあるかもしれないけど、時間やお金がかかりそう。そうすると、結局商品の値段が高くなって売れ残ってしまいそう……。だから、僕たち自身が“環境に優しい食生活”を意識する必要があるんじゃない？

DATA1

バーチャルウォーター

食料を輸入している国において、もしその輸入食料を生産するとしたら、どの程度の水が必要かを推定したものを「バーチャルウォーター」と言います。たとえば、1キロのトウモロコシを生産するには約1800リットルの水が必要です。そして、牛はそれらの穀物を消費して育つので、牛肉1キロを生産するには、その2万倍もの水が必要と言われています。つまり、食べ物の輸入は、それを作るために必要とした膨大な量の水を輸入することと同じ、という考え方です。

出典：環境省「virtual water」

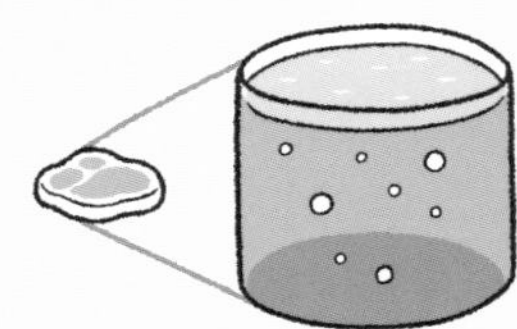

DATA2

水不足の深刻化

現在、気候変動の影響で世界の水不足は深刻な状況になりつつあり、1年のうち1か月以上、十分な水を手に入れることが困難になる人の数は、2050年には50億人以上になると予測されています。

出典：ウォーターエイド「気候変動の最前線　2020年　世界の水の現状」

そもそもの問題は、地球に住む人間が多すぎるってことなのかもよ。

穀類や野菜などの菜食は、肉食と比べて環境への悪影響が低いらしいよ。地球環境のことを考えて、菜食しかしないっていう人も増えてるんだって。

この前テレビで、代替肉とか昆虫食とか、環境に悪影響の少ない食料の研究のことを特集していたけど、それで地球環境がよくなるなら、そのほうがいいのかも。

菜食でも代替肉でも栄養があっておいしければ慣れるかもしれないけど、家に帰って晩ご飯が昆虫だったら、ちょっと悲しくなるかも……。慣れれば平気かな？

あなたの意見を書いてみよう！

DATA3

ウナギが絶滅する？

日本で古くから食材として親しまれてきたニホンウナギは、2014年に国際自然保護連合（IUCN）によって絶滅危惧種に指定されました。また、クロマグロやハマグリなども絶滅危惧種に指定されています（クロマグロは2021年に準絶滅危惧種に引き下げ）。

その後のはなし

肉食の環境負荷のはなし

父親の話を聞いて、心配になったシゲルが
「じゃあ、米やパンや、野菜しか食べられなくなるの？」
とたずねると、

またしても父親は、「それがな、米や野菜を作るのにも大量の水が必要だし、農地開発などによって世界の森林は減少し続けているから、やっぱり地球環境に負担はかかるんだ」と答えました。

「じゃあ、何を食べればいいの⁉」と、シゲルが困った顔で聞き、父親が「それがな……」と、続けようとしたときです。

それまで黙って二人の話を聞いていた母親が立ち上がると、
押し殺したような声で「二人とも、さっさと食べなさい！」と命令しました。

COLUMN 昆虫食が地球を救う？

現在、環境への悪影響が少ない食料として「昆虫食」が注目を集めています。昆虫は、肉や魚と比較しても栄養価が高く、タンパク質が豊富で良質な脂肪が含まれています。また、カルシウムや鉄、亜鉛なども多く含んでいるため、健康的な食料として注目を集めているのです。日本でも地域によっては、古くからハチやイナゴを食べる習慣があります。

6. 突然の本社移転

ユリは東京生まれで東京育ちの中学生。両親は共働きで、父親はフリーランスのデザイナー、母親はIT系の企業で部長として働いています。

ある日、母親が会社から帰ってくると
「ウチの会社が来春、本社を地方に移転することになった……。
引っ越すか、やめて新しい会社を探すか、どうしよう？」と言いました。

父親は「僕は地方でも問題なく働けるし、うまくいっている仕事をやめることはないよ。家族で引っ越そう。家賃だって安くなるし」と言います。
母親は「でも、今の生活をあまり変えたくないかも」と言います。

中学生のユリは「休日に友だちと遊びに行けなくなっちゃうな……」と、東京で暮らし続けたい気持ちもあります。

都会に住み続ける？　移住する？

この問題どう考える？

地球では都市部に人が集まりすぎていて、問題になっているんだってね。なんでみんな都市部に集まるんだろう？

進学したい大学や、働きたい企業が多くあるからみたいだよ。人が集まるということは、仕事もたくさんそこにあるってことだしね。

でもさ、都市部は家賃も高いし、みんな忙しそうだし、無理にい続ける必要はないよね。リモートで働けるような仕事ならとくにさ。

ユリの母親の企業も、そういう理由から本社を地方に移転することにしたんだと思うけど、いい判断だと思うよ。1か所に人が集まりすぎることにはいろいろな問題があるしね。

DATA1

都市部への人口集中（世界）

国連の調査によると、世界の都市圏の人口割合は年々増加傾向にあり、都市人口は2015年の約40億人から2030年に50億人を超え、2040年には60億人まで増加すると推定されています。

出典：総務省「情報通信白書 令和2年版」

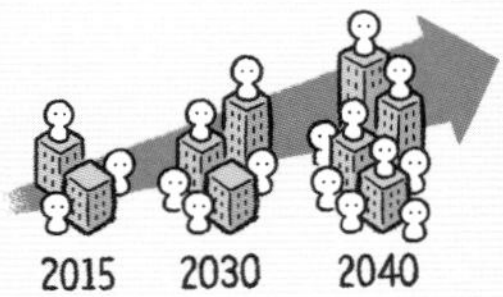

DATA2

都市部への人口集中（日本）

日本は、世界の中でも有数の都市への人口集中の度合いが高い国です。東京の都市人口は2025年まで世界第1位の予測。そして、埼玉、千葉、神奈川を含む東京圏には日本の総人口の約3割が居住しています。

出典：総務省「情報通信白書 令和2年版」

ビルが増えることで都市部の緑地が減ったり、災害時に救助すべき人が多くなりすぎて救援の人員や物資が足りなくなったりするみたい。だから、人は各地に散らばっていたほうが本当はいいんだって。

でも、自分は都会にいたいな。少し移動すれば、いろいろな楽しい場所に行けるし。刺激がほしいんだ。

地方にだって楽しい場所はあるでしょ。地方＝つまらないという考え方は短絡的なんじゃない？　何を楽しいと思うかは、人それぞれだし。

住む場所を変えることで人生が一変することもあるだろうし、利益と不利益を考えて、どこで暮らすか考えたいよね。私たちはどこに住むのも自由なわけだから。

あなたの意見を書いてみよう！

DATA3

企業の本社移転

2022 年に首都圏（東京、神奈川、千葉、埼玉）から転出した企業と、首都圏へ転入した企業では、転出した企業のほうが 77 社多く、過去 20 年で最多でした。2020 年の新型コロナウイルス感染症の拡大で、リモートワークやウェブ会議が普及したことにより、本社を首都圏に置く必要がないと考えた企業が増えたことが理由のようです。

出典：（株）帝国データバンク「首都圏・本社移転動向調査（2022 年）」

DATA4

東京への一極集中

日本では人や企業が東京圏に集まる、東京一極集中が問題視されています。一極集中は、仕入れ・販売などの取り引きがしやすく、消費者も多いため、経済の面で効率がいいというメリットがありますが、地方の過疎化が深刻化する、住宅やビルの建築により緑地が少なくなる、災害時の被害が大きくなる、インフラの老朽化などの対策に膨大な費用がかかるなど、デメリットのほうが大きいと言われています。

その後のはなし

移住のはなし

ユリたちの家族は引っ越しをして、
庭付きの一軒家に住むようになりました。

「これでも家賃は東京にいたときの半分なんだよ」
と、うれしそうに父親は教えてくれました。

今は仕事のかたわらで、家庭菜園を楽しむ両親。
ユリは以前より幸せそうな二人を見て、
引っ越してよかったなと思うのでした。

でも、ユリには
「大学生になったら
また東京の近くに住みたいな」
という思いもあるのでした。

COLUMN 江戸時代の地方移住

都市への人口集中は、実は現代だけの話ではありません。江戸時代後期、生活に苦しみ農村から都市（江戸など）に出てくる農民が増加したため、田畑が荒れて農業生産量が減少しました。そこで江戸幕府は、農民が江戸に来るのを制限したり、旅費を支給して帰ることを奨励したりして農村の再建を図りましたが、あまり効果はなかったと言われています。

出典：学研キッズネット「ひとがえし【人返し】」

7. 否定された提案

今日の社内会議の議題は、環境に配慮した原材料への切り替えです。

しかしナカノ部長は「切り替えの必要はない」と懐疑的です。
すると提案者のフルカワさんが
「これからは多少コストが高くても、
環境に配慮して事業を行わないと
取引先や顧客の信頼が得られません」
と主張。

ところがナカノ部長は
「コストが高くなることで、
競争力が落ちたら、
売上目標を達成できない」と、
取り合おうとしませんでした。

Q. 環境への配慮より、売上目標達成を重視すべき？

この問題どう考える？

個人より企業のほうが影響力が大きいし、経済をひっぱる大企業が率先して環境問題に取り組んでほしいよね。

だけど、部長の言うように、企業も儲けを出さなきゃいけないから、きれいごとばかりも言ってられないでしょ。環境に配慮した結果、従業員の給料が減ってしまってもいいの？

たしかに、環境に配慮しないほうが安く原材料を仕入れられたり、製品が作れたりする場合は、どうしても「儲け」のほうを優先してしまう気持ちはあるのかもね。

だったら、国とかが企業とかによる「環境への配慮」を法律で義務化すればいいんじゃないかな？

DATA1

日本企業と環境ビジネス

企業などが「環境によいこと」を付加価値として行う事業を「環境ビジネス」と言い、現在、日本では多くの企業が環境ビジネスに取り組んでいます。2018年の調査では、全体のうち34.1％の企業が環境ビジネスに取り組んでおり、上場企業（※）では全体の55.7％、非上場企業は全体の26.1％が取り組んでいます。

出典：環境省「令和元年度環境にやさしい企業行動調査（平成30年度における取組に関する調査）調査結果【概要版】」

※上場企業…証券取引所で株式が売買されている会社のことで、社会的な影響力を持つ大きな会社が多い。

DATA2

企業の社会的責任

企業が社会に果たすべき責任をCSR（Corporate Social Responsibility）と言います。株主や顧客、従業員、取引先、地域住民など多くの利害関係者（ステークホルダー）に配慮した経営を指す言葉で、企業が大きければ大きいほど社会への影響が大きいため、CSRもより重要視されます。

そうすると競争力が弱い中小企業が立ち行かなくなって大企業だけが勝ち残ることにならない……？

でも、環境への配慮は必要なことだと思う……。
そうだ、補助金を出すなど企業の行動を後押しするのはどう？

その場合、支援のための負担を誰がどういう形で請け負うの？　税金をどこから取るのかを明確にする必要があると思う。

うーん、難しいね。でも、最初に言われた通り企業って個人よりも環境に与える影響が大きいと思うんだ。だからこそ、環境保護についても大きな責任があることを考えてほしいよ。

あなたの意見を書いてみよう！

DATA3
環境への配慮とコスト削減

企業による環境問題への取り組みと聞くと、コストがかかる印象があるかもしれません。しかし、事業活動における環境への取り組みの中には、省エネルギーや省資源、廃棄物削減など、コスト削減につながる取り組みもあります。また、環境に配慮することでステークホルダーからの企業への評価が上がるというメリットもあります。

DATA4
環境への配慮と消費者

2021年のアンケートでは、全年代の73.2％が、環境へ配慮していない商品よりも価格が高い場合であっても、環境負荷のない商品を購入すると答えました。このうち、価格差が1.2倍以内であればと答えた人が29.3％で最多でした。

出典：日本生命保険相互会社「ニッセイ インターネットアンケート～環境問題について～」

その後のはなし

企業と環境のはなし

会議の結果、原材料の切り替えは却下されました。

フルカワさんが肩を落としていると、
ナカノ部長が声をかけてきました。

「今回の件は申し訳ない。ところで今、開発部で
環境に負担の少ない新商品の開発プロジェクトが進んでいるんだが、
君も参加してくれないか？」
とのこと。
ナカノ部長は「まあ考えておいてくれ」
と言って、去って行きました。

COLUMN ESG投資の将来性

「ESG投資」は現在、世界的に注目を浴びている投資です。「ESG」とは「Environment（エンバイロメント＝環境）」「Social（ソーシャル＝社会）」「Governance（ガバナンス＝企業統治）」の頭文字で、文字通り社会貢献につながる投資であり、また社会的信用や評判の高い企業へ投資するため、リスクが少ないといったメリットがあります。日本では、2016年から2018年の2年間で307％の成長率でした。

出典：Business Insider Japan「ESG投資は300％の成長率。世界で取り残されないために日本企業が今すべきこと」

がまんできない！

環境アクションのはなし

小学校の社会の時間に
「今のまま人間が活動を続けると、
人間は地球に住めなくなってしまうかもしれない」
という話を先生がしました。それを聞いて、エイタとリクは
地球の環境を守るためにできることを考えています。

リクは「車や飛行機に乗るのはやめよう」と提案。
しかし、エイタは不満そう。
次にリクは「暑い日も冷房を控えて扇風機だけを使う」
と２度目の提案。またしても
エイタは不満そう。
そこでリクは「日用品はリサイクル品で」と３度目の提案。
結局エイタは不満そうにしているだけでした。

地球のために、がまんをするべき？

この問題どう考える？

正直なところ、私もリクがやめようと言っていたものは、全部やめられないかも。暑すぎるのはイヤだし、旅行も行きたいし……。

やめるのは難しいものも、意識して節約することはできるのでは？　地球に人が住めなくなってもいいのかい？

でも、地球の人口って80億人以上らしいよ。たった一人や二人が頑張っても意味がないんじゃない？

みんなで少しずつ意識すれば、きっとよくなるはず。自分が変われば、周りも変わっていくって信じたい…。

DATA1

車や飛行機の二酸化炭素排出量

2021年度の日本の二酸化炭素総排出量は10億6400万トンでした。そのうち自動車や飛行機、船舶などの運輸部門は、全体の17.4%に当たる1億8500万トンと高い数値でした。一方で、自動車の燃費改善などにより、運輸部門の二酸化炭素排出量は2001年をピークにして徐々に減りつつあります。

出典：国土交通省「運輸部門における二酸化炭素排出量」

DATA2

このままでは地球が2個必要？

現在、私たちは地球1個で可能な量を超えた資源の消費を続けており、2030年には地球が2個必要なほどの消費量になると言われています。そして、この消費の中心は日本を含む先進国が占めています。

出典：グローバル・フットプリント・ネットワーク「National Footprint Accounts 2018」
https://www.wwf.or.jp/activities/activity/4033.html

ただ単に信じることよりも、みんなが気づくように行動することのほうが大切なんじゃないかな？　世の中にアピールしていかなきゃ。

でも、子どもや若者にそんなことできるかな？社会的な地位もないしさ。

まずは学校でクラスメイトを巻き込んでいくのがいいかもね。
意義のある活動なら先生たちも協力してくれるはずだよ。

今の時代はSNSがあるから、伝え方しだいでは大きな動きになるかも。知恵を絞らなきゃね。

あなたの意見を書いてみよう！

DATA3

地球温暖化の現状

地球の気候に大きな影響を与える要因の一つに「地球温暖化」があります。現在、世界の年平均気温は100年間あたりで約0.76℃の割合で上昇していて、日本の年平均気温は100年間あたりで約1.35℃の割合で上昇しています。

出典：(一財) 日本原子力文化財団「原子力・エネルギー図面集」

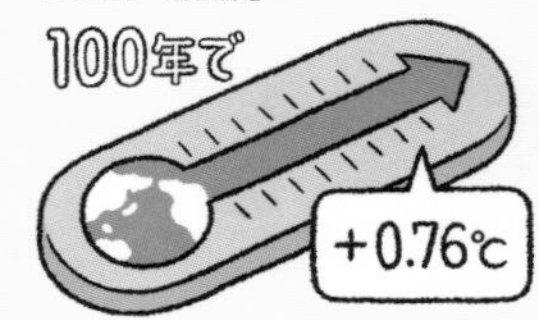

DATA4

アイス・バケツ・チャレンジ

SNSを使って社会問題の認知度を高めた事例に、アイス・バケツ・チャレンジがあります。これは、ALS（筋萎縮性側索硬化症）の研究を支援するため、「バケツに入った氷水を頭からかぶるか、またはアメリカALS協会に寄付をする」という運動です。2014年に運動が始まると、各界の著名人が寄付を宣言して氷水を頭からかぶる動画が世界中に広まり、ALSの認知度向上と多額の寄付金集めに貢献しました。

その後のはなし

環境アクションのはなし

リクは「何ならできるんだよ」と、
エイタを問い詰めました。
エイタはよく考えた後に
「冬は暖房ではなく布団であったまる！　できそうなことが大切だろ」
と答えます。
リクは「たしかにできることからだな」と納得したのでした。

次の日、リクとエイタは“冬は布団にくるまろう運動”をクラスメイトに提案。みんなから賛同してもらえました。

エイタは調子にのって「今、俺は自分の才能を感じてしまった。政治家になって環境のために努力しよう」と胸を張っていました。

COLUMN 学校が環境を救う？

学校の屋上を緑化したり、太陽光発電を行ったり、校庭を芝生化したり、学校の地下に雨水貯留槽を作ったりするなど、環境のことを考慮して学校施設を整備することを「エコスクール」と言います。こうした活動を通して、学校が児童や生徒だけでなく、地域にとっての環境・エネルギー教育の発信拠点になることなどが期待されています。

出典：文部科学省「環境を考慮した学校施設（エコスクール）の整備推進」

第3章

社会
Society

ハックション！
ゆら
ゆら

1. 学校って必要？

教育制度のはなし

レイラは中学２年生。勉強は国語以外あまり好きじゃありません。
運動も苦手だし、友だちづき合いが面倒だなと思うこともあり、
「学校に行きたくないな」と思うことがよくあります。

ある日、テレビで
「昔の日本には学校に行きたくても行けない子どもがいた」という
内容の番組が放送されていました。
レイラは「学校がないのって、ちょっとうらやましいかも」と思いつつ、
「でも、学校がないとどうなるんだ？」と考え込んでしまいました。

「学校がないとどうやって
学ぶのかな？」
「友だちができないってこと？」
「大人になって
仕事に就けるのかな？」

Q. もしも学校がなかったら、どうなる？

この問題どう考える？

たしかに、学校がなかった時代の子どもって、どんな生活をして、どうやって学んでたんだろう？

幼い子どもは遊べたかもしれないけど、今よりずっと小さいうちから、お手伝いをしたり、働いたりしてたんだと思う。

もし、子どもが学校に通わなかったら、世の中ってどうなるんだろう。今より不便だったり、貧しかったりするのかな？

学校がなくても、それぞれの家庭で勉強できるんじゃない？　ただ、家庭によって教育の格差が生まれそうだし、そうなると大人になってからできる仕事にも差が出てきて、昔の日本みたいに「身分」が固定化しそう。

DATA1

日本の小・中学校のはじまり

日本で最初に就学義務が規定されたのは明治5（1872）年です。当時は強制力が弱く、学校に通わずに家業を手伝ったりする子どももたくさんいました。現在のように、義務教育9年（小学校6年、中学校3年）と規定されたのは、昭和22（1947）年のことです。

出典：文部科学省「我が国の義務教育制度の変遷」

DATA2

義務教育の目的

日本では、義務教育の目的として、大まかに以下の二つがあげられています。①国家・社会の形成者として共通に求められる最低限の基盤的な資質の育成、②国民の教育を受ける権利の最小限の社会的保障。

出典：文部科学省「2 義務教育の目的、目標」

そう考えると、みんなが同じことを学べる環境ってありがたいんだね。

だけど、人にはそれぞれ適性もあるし、みんなが学校に通って同じことを学ぶ必要はない気もするけど……。今はインターネットで学習できることも多いし。

たしかに。なるべく若いうちから、仕事に直結した専門の勉強をしたほうが有利な場合もありそうだよね。

でも、学校で基礎的なことを幅広く学んだほうがいろんな仕事に応用できるだろうし、そのほうが知識だけじゃなく、興味や可能性も広がるんじゃないかな。

あなたの意見を書いてみよう！

DATA3

学校に行きづらいと感じる理由

2020年に行われた調査によると、学校に最初に行きづらいと感じはじめたきっかけとして、小学生にいちばん多かったのは「先生のこと（先生と合わなかった、先生が怖かった、体罰があったなど）」で29.7%、中学生でもっとも多かったのは「身体の不調（学校に行こうとするとおなかが痛くなったなど）」で32.6%でした。

出典：文部科学省「令和2年度不登校児童生徒の実態調査　結果の概要」

その後のはなし

教育制度のはなし

「おばあちゃんが通っていたときの学校ってどんな感じだった？」と、レイラは同居する祖母にたずねました。

すると祖母は「楽しかったけど、怖い先生や意地悪な男の子も多かったね」と教えてくれました。
そして「でもね、あなたのひいおばあちゃんは、家事や仕事のお手伝いが忙しくて小学校までしか通えなかったんだよ」と言いました。

レイラが「そうなんだ……」と言うと、「ひいおばあちゃんは勉強も好きだったから、『もっと学校に行きたかった』って、よく言ってたわ」と、祖母は話すのでした。

COLUMN「脱学校論」とは？

1970年代、学校は生徒の自由な選択を奪い、制度への依存を生み出す有害なものとする「脱学校論」が提唱されました。「脱学校論」では、学校の代わりに自由な交流を通して、自ら学ぶことができる教育制度を理想としています。日本からすぐに学校がなくなることはないでしょうが、教育の多様化が進みつつある現在、制度やあり方を見直す学校も増えています。

2. 働きたくない

ヨシユキとノボルは将来の仕事について話していました。
ヨシユキは、「とくにやりたいこともないし、働きたくないな〜」とのんきに言います。

それを聞いたノボルは
「そんなワガママ言うなよ。俺は、世の中のためになる仕事がしたいな」と言います。

ですがヨシユキは
「働かない生き方をするっていう幸せや自由もあると思うんだ。
お金がある前提だけどね。
あ〜、宝くじでも当たんないかな」と笑っています。

Q. お金があれば働かなくてもいい？

この問題どう考える？

働かなくても将来の心配なく生きていけるなら、それがいちばんいいと思うな。毎日好きなことをして暮らせるわけでしょ。

うーん、もし宝くじに当たって何億円も手に入ったとしても、本当に将来の心配はないのかな？　お金なんてちょっと贅沢をすればすぐなくなりそうだし、お金があったとしても働いたほうがよいのでは？

そもそも「仕事をしなくていい」っていう状態は、本当に幸福なのかな？ 周りの人たちが働いていると、だんだん不安になりそうな気もする。

そういうこともあるかもしれないけど、やりたくない仕事を生活のために仕方なくやるよりは、健康によいんじゃないかな。

DATA1

宝くじは「愚者の税金」？

宝くじを評して「愚者の税金」と言う場合があります。宝くじはほかの賭け事や投資と比べて、儲かる確率が極めて低いうえに、実際に、宝くじの購入金額の半分以上は税金だからです。ちなみに、「ジャンボ宝くじ」の場合、1等の7億円に当選する確率は2000万分の1です。

DATA2

働かない理由

2024年に行われた調査では、日本における15～64歳の就業率は78.6%でした。ちなみに、2020年に非就業である人の理由を調べた調査では、そもそも就業を希望しなかったという人が約90%を占めていて、その理由は「家庭の事情で働けない」(9.9%)、「年齢や健康状態を理由に働けない」(27.0%)、「適当な仕事や能力がなくあきらめている」8.4%などでした。

出典：総務省統計局「労働力調査（基本集計）2024年（令和6年）2月分」／リクルートワークス研究所「定点観測 日本の働き方 就業（2020年3月版）」

この前、家でニュースを見ていたら「ベーシックインカム」という制度の解説をしていたよ。すべての人に、生活に必要な最低限のお金を支給するっていう考え方なんだって。

たしかに、そうすればお金に困ったり飢えたりする人はいなくなりそうだけど、なんだか仕事をする気がなくなりそう。

僕はいい考え方だと思う。お金があれば、生活のことを気にせず、儲からなくても本当にやりたいことにチャレンジできる人が増えるんじゃないかな。

でも、ベーシックインカムが当たり前になったら、大切な仕事をする人がいなくなっちゃいそう……。

あなたの意見を書いてみよう！

DATA3

ベーシックインカムとは？

貧困をなくすための制度の一つとしてベーシックインカムという考え方があります。政府がすべての国民に、生活できる最低限のお金を無条件で支給するというものです。実現すれば格差や貧困は確実に減少するうえ、少子化問題の解決策にもなると考えられています。しかし、ベーシックインカムの実現には莫大な税金が必要なため、現状は一部の国の試験的な実施にとどまっています。

その後のはなし

労働のはなし

翌日、学校に行くとヨシユキが浮かない顔をしています。

ノボルが「どうしたんだよ」と声をかけると、
ヨシユキは
「昨日、父さんに将来何になりたいか聞かれたから、
『働かずに暮らしたい』って言ったら、すげえ怒られて……」
と、落ち込んでいます。

ノボルは思わず吹き出しつつ、「そりゃそうだ」とヨシユキの肩をたたいてなぐさめました。

COLUMN 定年のない時代になる？

かつては60歳で退職し、そのあとは年金暮らしというのが一般的でした。しかし現在、65歳以上の高齢者の就業率が増え続けています。この背景には、少子高齢化だけでなく、医療の発達などで健康寿命が延びているという事情もあります。一律に「65歳以上は老人」とみなす考え方は、もう古いのかもしれません。

3. この店、星いくつ？

リョータとタクヤは駅前の中華料理店でお昼を食べることにしました。
タクヤは中華丼を頼んだのですが、店員さんが注文を聞き間違えて、
天津飯が出てきてしまいました。
店員さんは謝らず「すぐに作り直します」と厨房へ戻ります。
結局、作り直しに 10 分ほどかかり、
タクヤは食べ終わってお店を出たあともイライラが収まりません。

「低評価のレビューをつけてやる」とスマホをいじるタクヤ。
リョータは「まぁ誰にでも間違いはあるからさ」となだめますが、
「謝らないのはダメだよな。
ほかの人が同じ思いをしない
ためにも俺は書き込む」と
タクヤは画面から目を
離そうとしません。

Q. イヤな思いをしたら低評価を書き込む？

この問題どう考える？

タクヤのイライラする気持ちはわかるけど、ネットに書き込むことはしないかな。直接、文句を言うほうが、まだいい気がする。

僕は、そんな勇気ないかも。カスタマーハラスメントって言葉もあるし、直接は言いたくない。

だから、ネットに書き込むんだよ。お店側に反省してもらって、サービスの質を上げるためにも、不満は伝えるべきだと思う。

なるほど。でも、ネットに書き込むと一人の意見なのに、大きな影響を与えてしまうよね。私自身、口コミで店を選ぶとき、ネガティブな情報がある店は避けるからね。

DATA1

カスタマーハラスメント

カスタマーハラスメントとは、顧客が企業やお店などに対して、過剰な要求をしたり理不尽なクレームを入れたりすることで、略して「カスハラ」とも呼ばれます。土下座の要求や暴力など、行きすぎたカスハラをすると逮捕される場合もあります。2024年、東京都はカスハラ防止のための条例の制定を目指すことを決めました。

DATA2

口コミは気にする？

株式会社フォーイットが2023年に全国の10代〜60代までの男女500人に対して行った調査によると、「口コミやランキングは気にしない」と答えたのは22.5%で、それ以外の約8割の人は「気にする」という回答でした。

出典：まーくんのアフィリエイト学校「約8割の人が口コミやランキングを気にすると回答！ 年代によって注目するポイントに違いがあることも明らかに」

お店とか病院とかを経営する人にとって、悪い口コミって命取りになりかねないもんね。お客さんが来なくなったら、生活できないし。悪い口コミを書いた人や、サイトの運営会社を相手にして、裁判になる場合もあるみたい。

うーん。たしかにそんなに大きな力を持ちたいわけではないんだよな。ケンカをしたいわけでもないし。

お店にお客様対応窓口があれば、そこにメールするのがいいのかもね。ネットですべての人が見られるようにクレームを書き込むのは、いいことではない気がするよ。

それでもまともに取り合ってくれなかったら、ネットに書き込んでもいい？

あなたの意見を書いてみよう！

DATA3

悪いレビューと訴訟

2024年、Googleマップに表示される「クチコミ」に、不当な内容が投稿されても削除してもらえず、利益が侵害されたなどとして、医師や獣医師など63の個人と団体がGoogleに対し、合わせて140万円あまりの損害賠償を求める訴えを起こしました。

DATA4

事実でも名誉棄損

刑法では、公然と事実を摘示（書き込むなど）し、人の名誉を棄損した場合、事実の有無にかかわらず懲役3年以下、または50万円以下の罰金に処するという決まりがあります。何かイヤなことをされたり、相手が悪いことをしていたりして、それが事実だとしても、みんなが見られるネットにそれを書き込むと処罰される可能性があるのです。

その後のはなし

二人が駅に向かって歩いていると、
先ほど注文を取り間違えた店員さんが走りながら
「お客さーん」と叫んで、リョータとタクヤを呼び止めました。
店員さんは、夏の日差しの中を走ってきたので汗びっしょりです。
店員さんが手に持っているカバンを見たタクヤは、
「あっ、すみません」と平謝りしました。
そのカバンは、タクヤが店に忘れていったものでした。

店員さんはゼエゼエと息を切らせながら「間に合ってよかった」と、
笑顔でタクヤにカバンを渡しました。

二人でお礼を言って店員さんと別れたあと、リョータが「これでも低評価の書き込みをするの？」と聞くと、タクヤは「やめておこう、間違いは誰にでもある」と言って頭をかきました。

COLUMN ステマはNG

ステマとはステルスマーケティングの略で、広告であることを隠して、自社のサービス・商品を宣伝することです。SNSでインフルエンサーにお金を払いながらも、その人が気に入っているということにして商品を宣伝してもらう、多くの一般の人に金品などの見返りを渡しながら、よい口コミを書いてもらうよう指示する、といったことをすると法律で罰せられます。

【PR】例の商品使ってみた

4. それは希望？ 絶望？

AIのはなし

クラスで調べ学習の授業があり、ハルトは「AI（人工知能）」について調べることにしました。

ハルトがネットで調べてみるとそこには、
将来、AI によってさまざまな仕事が自動化されて便利になる一方で、
「AI が人間の仕事を奪う」とも書かれていました。
さらに、その記事では「10 ～ 20 年後になくなる仕事」の一つとして、
ハルトの父親の仕事である「経理事務」をあげていました。

その日の夕方、ハルトはちょうど仕事から帰ってきた母親に「お父さんの仕事、10 年後にはないかもしれないんだってよ」と報告しました。
すると母親は、靴を脱ぎながら「あら大変」と言いました。

AI は必要？　いらない？

この問題どう考える？

AIのおかげで便利になるのはいいことだし、一部の仕事がなくなったとしても、また別の仕事が出てくるだろうから、そんなに心配する必要はないと思うけど。

でも、一生懸命に勉強して専門分野の資格を取った人が、AIにその仕事を奪われる……なんてことになったら、ちょっと残酷かも。

仕事のことだけじゃなく、「AIが人類を支配する」と言っている人もいるよね。便利になるのはいいけど、行きすぎると怖い気も……。

だけど、今まで大変だったことがAIを使って簡単にできるようになるなら、やっぱり人類にとってはよい影響のほうが多いと思うけど。

DATA1

AIは怖い？

2020年に消費者庁が行った調査によると、AIに対してよいイメージを持つ人が多いようです（「暮らしを豊かにする」79.3%、「生活によい影響を与える」66.5%）。一方で、悪いイメージを持つ人も約半数います（「不安である」55.4%、「何となくこわい」51.8%）。

出典：消費者庁「第1回消費者意識調査結果（AIに対するイメージについて）」「第1回消費者意識調査 概要」

DATA2

世界のAI市場規模

世界のAI市場規模（売上高）は、2030年までに280兆円近くになると推計されています。また、日本のAIシステムの市場規模（支出額）は、2022年には約3884億円（前年比35.5%増）でしたが、2027年には約1兆1035億円まで拡大すると予測されています。

出典：総務省「令和5年版 情報通信白書 第2部 情報通信分野の現状」

そういう考え方もあるけど、AIが進化し続けた結果、未来が「どうなるかわからない」のが問題なんだと思う。怖い未来だってありえるなら、慎重になるべきだと思うけど。

たしかに、AIが人類より賢くなったら、もしAIが間違っても人類には気づくことができないかもしれないよね。

これはAIに限らないことだけど、技術の急速な進歩にルールや法律の整備が追いついていないって話もよく聞くね……。

みんなの意見を聞いていたら、慎重に研究や開発をするべきっていう気もしてきたけど、やっぱり便利な未来に期待してしまう気持ちも大きいな。

あなたの意見を書いてみよう！

DATA3

AIと著作権

AIは既存のデータから学習して文章や絵、写真などを生成するため、それらのもとになるものを作った人たちの著作権（著作者が自分の作品を独占的に利用できる権利）が侵害されるのではないかという懸念の声があがっています。AIを使うことでできることが多くなった反面、まだまだ解決すべき課題も多いのです。

出典：文化審議会著作権分科会法制度小委員会「AIと著作権に関する考え方について」

DATA4

日本のAI導入状況

2023年に行われた「職場におけるAI導入率」の調査では、アメリカのAI導入率が30.2％だったのに対して、日本は半分以下の13.3％でした。また、「導入済みで活用あり」の割合は、アメリカが17.8％、日本が6.2％でした。

出典：（一社）データサイエンティスト協会「Data of Data Scientist シリーズ vol.47『13.1％ －職場における AI 導入率』」「日米の一般ビジネスパーソンに対して、データサイエンティストの認知・理解を調査」

その後のはなし

AIのはなし

その日の夕食後、ハルトが父親に
「お父さんの仕事、AIに奪われちゃうの？」と聞きました。

父親は「すぐになくなることはないし、
経理の仕事がなくなっても、ほかの仕事をすればいいんだし、
大丈夫に決まっているだろ！　ハハハハ」
と豪快に笑い飛ばしたあと、リビングを出て自分の書斎に籠もってしまいました。

30分後、ハルトが父親の書斎の扉を
開けたところ、
父親はAIについての本を真剣に読んでいました。

COLUMN AIが人類の知性を上まわる？

アメリカの未来学者レイ・カーツワイルは、2005年に出した著書で、そう遠くない未来にAIが人類の知能を超える転換点「シンギュラリティ（技術的特異点）」が起こると主張しました。シンギュラリティが起こると、技術やテクノロジーが爆発的に発展する、人類は仕事をしなくてもよくなる、人間が生産的な行動をしなくなるなど、さまざまな可能性が論じられています。

5. やりがいよりお金？

ヤスノリは、将来、介護士になりたいと思っています。
祖母が老人ホームに入ったとき、
一生懸命に介護する介護士さんを見て、
自分もそんな仕事をしたいと思ったからです。

しかし、その夢を両親に告げたところ、
「なかなか大変な仕事だぞ」と心配顔。
続けて、「税理士や公認会計士なんてどうだ？　給料もいいらしいぞ」と言いました。
しかしヤスノリは、「自分にとってやりがいがあると思うのは介護士なんだ」と答えます。

Q. 給料が高い仕事のほうがいい？

この問題どう考える？

たしかにお金は大事だけど、やっぱりやりたい仕事をしたほうがいいんじゃないかな？　給料が安かったとしても。

両親や周りの大人の話を聞いていると、どんな仕事でもそれなりに大変そうだけどね。どうせ大変な思いをするならお給料がいい職業のほうがいいと思う。

自分が本当にやりたい仕事でお金をたくさんもらえれば、それがいちばんいいと思うけど。

それはそうなんだけど、それが難しいからこうやって話し合っているわけで……。
でもやっぱり、将来のことを考えると「やりたい仕事」よりもお金のほうが大切かな。やりがいだけを考えて、給料を無視して仕事を選ぶと、あとで後悔しそうだし。

DATA1
仕事の目的は？

内閣府が2022年に行った16歳から29歳までの男女を対象とした調査では、「働く目的は何か」という問いに対して、「お金を得るため」と答えた人がもっとも多く63.3％で、次いで「生きがいを見つけるため」が14.1%、「社会の一員として、務めを果たすため」が11.0%でした。

出典：内閣府「国民生活に関する世論調査の概要」

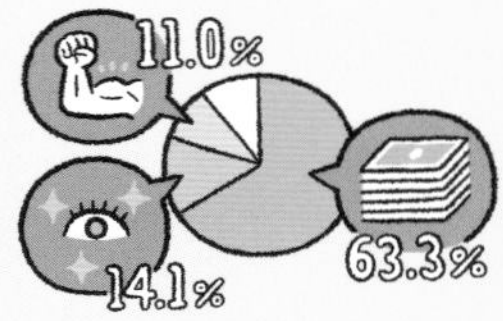

DATA2
給料の高い職業

厚生労働省が行った調査によると、職種別の平均年収ランキングの1位は航空機操縦士の1779万円、2位は医師の1231万円、3位は管理的職業従事者（企業や公的機関の役員や管理職）の1090万円でした。

出典：厚生労働省「令和5年賃金構造基本統計調査」

でも、お金のためにイヤイヤ働くなんて、つまらなそうだし、つらそう。だったらやっぱり、多少給料が安かったり、忙しかったりしても、やりがいのある仕事をしたほうが楽しく生きられると思う。

でもさ、どんなにやりがいがあっても、給料が安すぎたり、忙しすぎたりするのはやっぱりイヤだよ。ちなみに日本語の「過労死」っていう言葉は、外国でもそのまま通じるんだって。

たしかに、日本には「ブラック企業が多い」って聞くけど……。でも過労死するまで働くのは、多分「やりがいがあるから」ではないよね。

イヤな仕事を長時間するからストレスになるわけで、やりがいのある仕事だったら、多少忙しくてもストレスは少なそうな気もするけど……。

あなたの意見を書いてみよう！

DATA3

ブラック企業とは？

労働者を劣悪な環境下で働かせ、酷使する企業を「ブラック企業」と言い、日本にはこのブラック企業が多いと言われています。ちなみに、2021年に日本労働調査組合が行った調査では、働いている人のうち「勤務先はブラック企業だと思う」と答えた人は31.2％。約３人に１人でした。

出典：日本労働調査組合
「『約３人に１人』が自分の職場をブラック企業だと思うと回答『ブラック企業に関するアンケート』結果発表」（2021年７月21日）

DATA4

海外にもブラック企業はある？

海外では日本ほど“ブラック企業”が問題視されていませんが、ブラック企業がないわけではありません。過去にフランスのある企業では、２年の間に従業員が35人も自殺して裁判になったことがあります。また、移民など海外から来た労働者を不当に安い賃金で雇うといった問題も、度々議論の的となっています。

出典：AFPBB News「従業員35人が相次ぎ自殺、旧フランステレコム経営陣のモラハラ裁判始まる」

その後のはなし

職業選択のはなし

ヤスノリは、介護士の仕事について調べてみました。
たしかに「給料が安い」ようですが、
国による介護士の給料アップの政策などもあり、待遇が改善されつつあることがわかりました。
また、やりがいを感じる人が多い職業であることもわかりました。
「もっと介護について勉強して、もう一度親に伝えよう」とヤスノリは決意を新たにしました。

COLUMN 小学生がなりたい職業

2022年に学研が行った調査によると、小学生がいちばんなりたい職業は「パティシエ（ケーキ屋さん）」の5.0%で、とくに女子に人気でした。次いで、主に男子に人気だった「YouTuberなどのネット配信者」が4.3%、以下、「警察官」3.8%、「その他スポーツ選手（野球、サッカー、水泳以外）」3.0%、「医師（歯科医師含む）」2.7%などが人気でした。

出典：学研教育総合研究所「小学生白書Web版」2023年10月調査

6. 困ったらおたがいさま？

海外支援のはなし

ヒロミがテレビを見ていると
海外の発展途上国への支援を厚くすることを
総理大臣が宣言しているニュース映像が流れてきました。

それを見てヒロミは、
「日本にだって不景気で困っている人はいるのに
なぜ海外の見知らぬ人たちに支援をするのか、
国民から集めた税金を海外支援に積極的にあてる理由は何なのだろう？」
と疑問が浮かんできたのでした。

Q.

海外支援は必要？　不必要？

この問題どう考える？

自国の人でも、外国の人でも、困っている人がいたらみんなで助けるべき。自分たちが困っている立場だったら、同じ国とか外国とか関係なく、助けてもらいたいと思うはずだし。

でも、自国が不景気だって言われているなら、外国の人を助ける前に、自分たちの国のことをなんとかしたほうがいいんじゃないかな？

不景気って言っても、食べられなくて困っている人が多いわけじゃないなら、外国の“より困っている人”を助ける必要はやっぱりあるんじゃないかな。

その国を助けることで自国が得をすることもあるのでは？　援助のおかげで貧しかった国が発展して豊かになれば、自国の商品を買ってくれたりするだろうし。

DATA1

日本も受けた国際支援

第二次世界大戦の終戦後からしばらくの間、日本は海外からの援助を受ける側でした。1946～1951年にかけて、アメリカ政府から約18億ドル（現在の価値で約12兆円）もの支援を受け、そのうち13億ドルが返却を前提としない無償援助でした。また、世界銀行から約8億6000万ドル（現在の価値で約6兆円）の低金利の融資を受けたほか、国連機関のユニセフは日本の貧しい子どもたちに対して約65億円もの支援を行いました。

出典：国際協力NGO ワールド・ビジョン・ジャパン「国際協力とは？ 日本はなぜ国際協力をするの？」

DATA2

開発（発展）途上国とは

世界には、飲み水や食べ物が十分になかったり、教育を受けられなかったりする人々がたくさんいます。また、1日に200円くらいのお金で生活しなければいけない人たちもたくさんいます。このような人々が住んでいる国を開発（発展）途上国と呼んでいます。

出典：キッズ外務省「ちょっと知りたい日本の国際協力！」

でもそれって、ずいぶん時間のかかる話だよね。

「途上国へ多額の支援をしている」というのは、国際社会へのいいアピールになるっていう面もあるよね。人道的に素晴らしい国だってさ。

なるほど……。だけど、他国へそんなアピールをするよりは、自国の国民に優しくあってほしいけど。税金を下げるとかさ。

もちろん、アピールだけじゃなくて、世界中の平和と発展を願ってのことだと思うけどね。支援しているお金がどう使われているか、調べてみることも重要かも。

あなたの意見を書いてみよう！

DATA3

日本のODA実績

日本の海外に対するODA（▶104ページ）実績は、1989年にはアメリカを抜いてトップになりました。その後も1991年から2000年までの10年間、日本は世界最大の援助国でした（2021年時点の実績では世界第3位）。なお、2021年に日本が援助した地域はアジアがもっとも多く59.1％、次いで中東・北アフリカの11.0％、サブサハラ・アフリカの9.5％、などが多いという結果でした。

出典：キッズ外務省「政府開発援助（ODA）総額の多い国」／外務省「2022年版開発協力白書 日本の国際協力」

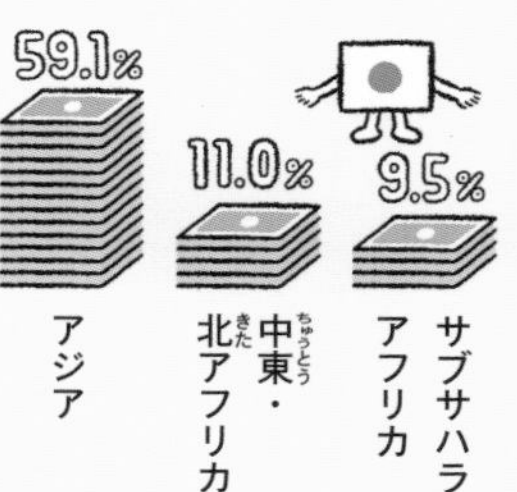

その後のはなし

海外支援のはなし

後日、親戚の集いでヒロミは久々にいとこのレイジに会いました。
レイジは学校の先生をしていたのですが、それを2年間休んで青年海外協力隊に参加してきたといいます。
途上国の教育水準を高めるために、現地で算数の教師をしてきたというのです。

「こういった活動のための資金は、政府からの支援金、つまり税金で賄っているんだ。僕の現地での給料や、渡航費とかね」と教えてくれたレイジ。

ヒロミはレイジを尊敬のまなざしで見つめながら、他国を支援することの大切さも理解したのでした。

COLUMN 海外支援が持続可能な世界を実現する

先進国が途上国に対して行う経済的、技術的な援助のことをODA（政府開発援助）と言います。これは途上国を助けるためばかりでなく、先進国を含めた世界全体が地球環境を持続可能なものとし、対等な立場で発展していくために必要な援助です。また、途上国における技術や経済の発展のためには、先進国の支援ばかりではなく、途上国どうしの連携も必要とされます。

7. 増えすぎてヤバイ!?

地球人口のはなし

ソラは、兄から
「地球には最適な生活水準を維持するための“適正人口”がある」
という話を聞きました。
このまま人口が増え続けると飢餓や温暖化が進み、
地球に人が住めなくなるというのです。

しかし、ソラには地球規模で人口を抑制する方法など思い浮かびません。
布団に入ってからも
「こうしている間にも、人口がどんどん増え続けているのかも……」
と考えてしまい、なかなか眠れませんでした。

Q.

このまま地球に人が増え続けても大丈夫？

この問題どう考える？

このまま地球上にどんどん人が増えていったら、具体的にどんな問題が起こるんだろう？

まず食料が足りなくなって、環境破壊も進んで、発電などのエネルギーを供給したり、ものを作ったりするための資源も不足していくんじゃないかな。

そうなると世界中の国や人が不足しているものを奪い合って、戦争になったりするのかな？

その可能性はあると思う。

DATA1

増え続ける地球人口

現在、世界の人口は約81億1900万人ですが、国連の推計では、2030年までに85億人、さらに2050年にはほぼ100億人に増加すると予測されています。急激な人口増加が起こるのは主にアジアやアフリカを中心とした途上国で、それらの国でさらに飢餓や貧困が広がることが心配されています。

出典：国連人口基金「世界人口白書 2024年」／国際連合広報センター「世界人口推計 2019 年版：要旨　10 の主要な調査結果（日本語訳）」

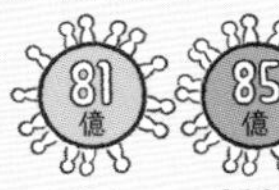

現在　2030　2050

DATA2

中国の「一人っ子政策」

1979年、中国では急激な人口増加による食料不足などを解消するため、一組の夫婦につき子どもを一人に制限し、守らなかった夫婦に罰金を科すという「一人っ子政策」が始まりました。しかし、この政策により少子高齢化や労働人口の減少などが社会問題となり、国民の不満も増大。そのため、「一人っ子政策」は2015年に撤廃されました。

ちょっと待って。今は人口が増えている途上国も、そのうち社会が成熟して少子化になるのでは？　だから、人口のことはそんなに気にしなくても大丈夫かもしれないよ。

人口だけが問題なの？　人口の多い途上国と比べても、食料や資源を多く消費しているのは、むしろアメリカや日本などの先進国なんだってさ。

そうなのか。だったら、一人あたりのライフスタイルをもっと環境に優しいものに変えていくことが大切なのかも。

と言うのは簡単だけど、実際に悪い状況にならないとなかなか変われなかったりするよね……。

あなたの意見を書いてみよう！

DATA3

日本の食料自給率

日本の食料自給率は、過去数十年にわたって減少傾向にあります。カロリーベースで見た場合の食料自給率は、1965年には70%以上ありましたが、近年は約40%にまで低下しています。昔は、今よりたくさんの農産物を作っていたのですが、安い外国産の農産物の輸入量が増え、だんだん減ってきてしまったのです。

出典：関東農政局ホームページ「こまちゃんと食の冒険」

その後のはなし

翌朝、ソラは兄に「このまま人口が増え続けると、地球はどうなると思う？」と聞いてみました。

すると兄は「食べ物や資源が足りなくなって、宇宙へ移住しなくちゃいけなくなるかもな」とソラをおどしつつ、「でも、数十年後にはいろいろな技術の進歩によって、資源不足やエネルギー不足の問題を解決しているかもしれないね」と言いました。

ソラは少し安心しましたが、まだまだ不安なので、自分も勉強して、この問題の解決に役立てるようになろうと思うのでした。

COLUMN スマホは世界を救っている？

資源やエネルギーを先進国がたくさん使っているというデータがありますが、実はアメリカでは、総電力使用量は過去 10 年間にわたりほぼ横ばい、そのほかの天然資源の大部分は消費量が減少しているというデータもあります。それはスマートフォン（スマホ）の登場により、多くの電子機器が作られなくなったからだと専門家は言います。一方で、スマホを作るのには金属やプラスティック、天然資源などを必要としますし、スマホの電力消費量は多いという側面もあります。

8. 安さが人を苦しめる？

労働と価格のはなし

ある日の授業。先生は
「外国産のものは、国産のものより安い場合が多いよね。
その安さが、不当な労働を生んでいる場合があるんです」と話しました。

シゲユキが「僕たちがなるべく安いものを買おうとすると、
海外で困る人がいるってこと？」と発言。
先生は適切な価格の商品を買う“フェアトレード”という考え方を
教えてくれました。

授業のあと、友だちのクウタは
「先生はああ言うけどさ、
お金を節約するのが大事だって
ウチの父さんは言うよ。
どうすればいいんだろう？」
とシゲユキに話しかけました。
シゲユキは悩んでしまいました。

Q. 高くてもフェアトレードの商品を あなたは買う？

この問題どう考える？

私たちが安いものを買えるのは、商品を作る過程で、海外の労働者が安い賃金で働いてくれているからという場合があるんだね。子どもがその労働をしていることもあるらしいよ。

「フェアトレード」については、調べたことがある。賃金などの不平等をなくすための基準があって、基準を満たした商品に認証ラベルが貼られているんだって。

そうしたしくみがあれば、自分が買った商品が不当に安い賃金で生産されたものかどうかを心配する必要がないね。

この話ってフェアトレードについてだけじゃないよね。従業員に残業代を払わなかったり、安い給料でこき使ったりして、商品を安くしている場合もあるのかも。

DATA1

児童労働の現状

世界では、貧困などが原因で5～17歳の子どもたちのうち約1億6000万人が働いています。ときには心や身体の発達に悪い影響を及ぼすような環境下で労働をしている子どもたちもいるうえ、女子の場合は家事のような「見えにくい労働」を担っている場合もあり、実際にはもっと多いとも言われています。

出典：ユニセフ（国連児童基金）・国際労働機関（ILO）「児童労働：2020年の世界推計、傾向と今後の課題」／国際労働機関（ILO）「児童労働の世界推計：推計結果と趨勢、2012～2016」（2017）

DATA2

フェアトレードとは？

途上国で作られた作物や製品を適切な値段で継続的に購入することで、途上国の生産者の地位向上と自立を目指す貿易のしくみのこと。近年、従来の国際協力や資金援助と並ぶ取り組みとして注目されています。

そういうことを企業がしないように、見張る機関や法律もあるんだって。企業が法律を守ったうえで工夫や努力をして安く売っている場合のほうが多いと思うよ。そう信じたいね。

うーん。安いものを買うのが怖くなってきちゃったよ。何も知らないほうが幸せだったかも。

何も知らずに人を苦しませるんだったら、知ったほうがいいと僕は思うな。お金に余裕がない場合は安いものを買うけど、「安さこそ正義」みたいな考え方が、必ずしも正しいわけじゃないってことだね。

あなたの意見を書いてみよう!

DATA3

労働者を守る法律や機構

労働者を守る法律に労働基準法があります。労働基準法では、労働時間や最低賃金などの守るべき労働条件が決まっていて、企業が違反をすると懲役や罰金などの刑罰を、経営者などが科される可能性があります。企業が労働基準法を守っているかを監督する機構が労働基準監督署です。

その後のはなし

労働と価格のはなし

その日、シゲユキは母親に
「フェアトレードって知ってる？」と聞いてみましたが、
答えは「何それ？」のひとことでした。
シゲユキは「安ければいいってもんじゃないんだよ」
とフェアトレードについて説明すると、
母親は「不勉強でした」と
頭をペコリと下げるのでした。

夜、シゲユキと母親は一緒にスーパーへ買い物に行って、値下げのシール
が貼られたお刺身を買いました。
「こういう安売りなら廃棄も減るし、
世の中のためになるね」とシゲユキ。
「それよりもウチの財布のためよ」
と母親は笑いました。

COLUMN フェアトレードの種類

フェアトレードにはいくつかの種類があります。もっとも普及しているのが「国際フェアトレード認証ラベル」で、対象となる商品が国際フェアトレード基準を順守していることを証明するものです。そのほかにも、団体に対するフェアトレード認定である「WFTO系フェアトレード」や、企業や団体が独自で基準を定めたフェアトレードもあります。ちなみに、日本のフェアトレード市場は年々拡大傾向にあり、飲食店などでフェアトレード製品を目にする機会も増えてきています。

出典：特定非営利活動法人ACE「フェアトレードとは？３種類のフェアトレードと児童労働の関係」

9. 武器で平和に？

ルリがテレビをつけると、
政府が防衛費増額のために増税する決定をしたという
ニュースが流れていました。

ルリは増税されると家計が苦しくなると思い、
父親に、「学校で、この国は戦争を放棄したって習ったけど、
なんでまだ防衛費が必要なの？」とたずねました。

すると父親は「自分たちから戦争を仕掛ける気がなくても、
外国から急に攻められる可能性はゼロじゃないし、国を守るために防衛力は必要なんじゃないかな……」と、
困り顔でルリのほうを見ました。

防衛費増額はしかたない？

この問題どう考える？

ほかの国から攻撃されたときに、自分の国を守るためにも防衛費がかかるのはしかたないと思うな。

でも、戦争なんていいことじゃないんだから、「自分たちは戦いません」という姿勢を示すほうがいいんじゃない？

じゃあ、自分たちの国だけ軍隊を持たずに、軍事力も高めずにいるってこと？
そんなのほかの国から攻められたらすぐ領土を乗っ取られちゃうよ。

だったら軍事力を高めるために若者に兵役義務が課される国になったほうがいいの？

DATA1

日本の平和主義

日本国憲法第９条では、国々の間で争いが起こっても、決して戦争をしないことや、この目的を達成するために陸軍・海軍・空軍などの戦力を持たないことを定めています。第二次世界大戦で、国内・国外のたくさんの人々を死なせたり、苦しませたりしたことへの反省から、憲法に取り入れられた原則です。

DATA2

日本の自衛隊

DATA1 の憲法第９条と、自衛隊の関係について政府は、以下のような論理で説明しています。「国際法上、国は自衛権（外部からの攻撃があった場合に、国を守る権利）を持っているので、自衛のための必要最小限の武力を持つことは認められている。したがって、外国が武力を用いて攻撃してきた場合に、国を守るための必要最小限度の防衛力として自衛隊を持つことは、憲法第９条のもとでも認められている」という考え方です。

出典：防衛省・自衛隊 KIDS SITE「③憲法と自衛隊の関係」

それはすごくイヤだな……。

国民全員が兵役につかなくてもいいけど、自衛隊自体は必要な気もするな……。

世界中の国が一斉に武器や兵器を放棄するルールを作ればいいのにね。
理想論だけど。

他国へ戦争を仕掛けて領土を広げようとする独裁者はそんなルールなんか守らないだろうね。
でも、生活がある中で防衛費の分まで負担するのはつらいよ。
なんとかならないの、人類？

あなたの意見を書いてみよう！

DATA3

日本の防衛力は世界何位？

2024年に発表された世界の軍事力（日本は防衛力）ランキングでは、1位アメリカ、2位ロシア、3位中国、4位インド、5位韓国、6位イギリス、そして日本は7位と評価されています。

出典：Global Firepower「2024 Military Strength Ranking」

DATA4

日本の防衛費はいくら？

これまで日本の防衛費のGDP（国内総生産）比は1%前後で推移していましたが、日本政府は2023年に、防衛費を2027年度に2%に増額すると発表しました。また、防衛省の2024年度の予算概算要求は7兆7000億円以上で、過去最大となりました。

出典：財務省「令和6年度防衛関係予算のポイント」／防衛省・自衛隊「令和4年版 防衛白書」4 各国との比較

軍事力のはなし

その後のはなし

軍事力のはなし

次の日、ルリはクラスでいちばん成績のいいトオルに、防衛費の増額についてどう思うか聞いてみました。するとトオルは、「うーん、難しい問題だけど、防衛力を強化して各国がけん制し合うことで結果として戦争を抑止するっていう考え方もあるんだ」と答えました。

それを聞いたルリは、「でもそれって、ケンカに勝つために鍛えたり武道を習ったりするのと同じことでしょ。どの国もケンカに勝つことよりも、平和を維持して、みんなが豊かに暮らすためのことにお金や時間をかければいいのに」と少し怒った表情で言いました。

トオルはイスの上に正座し直して、頭を下げながら「はい、私もそう思います」と言うのでした。

COLUMN 徴兵制を採用している国

国民に兵役の義務を課し、ある年齢になると強制的に兵士として軍隊に入らなければいけない制度を徴兵制と言います。2024年現在、徴兵制を用いている国は、ロシア、中国、韓国、フィンランド、シンガポールなど60か国以上あります。日本もかつては徴兵制をとっていましたが、1945年の第二次世界大戦の終戦にともない、なくなりました。

出典：MAMOR-WEB「世界で異なる「国民の国防意識の差」徴兵制を復活させる国も」

10. それって損？

安心のはなし

ある日の晩、母親がスマホを見て、「引かれるなぁ……」と渋い顔。
クミは母親に近づき、「どうしたの？」と聞きました。
「給与明細を見ているの。いろいろ引かれるのよ。お金が」
と答えた母親は、給与明細が写ったスマホをクミに見せます。

「ほら、たとえばここに健康保険料ってあるでしょ？　毎月２万円近くを私は給料から引かれて国に納めているの」
「ええ、そんなに？」と驚いたクミに、母親は「保険っていうのはみんなでお金を集めておいて、困ったときにそのお金で助けてもらう、助け合いの制度なの。必要な制度なのよ」
と話しました。

クミは、「でも困らなかったらお金払った分だけ損じゃない？」と納得できない顔です。

Q. 健康保険料を払うのは損？

この問題どう考える？

日本って、すべての人が医療保険（健康保険）に入る制度なんだって。でも、病気じゃないときはムダに保険料を支払っているわけだよね。僕はそんなに大きな病気やケガをしたことがないから、損な気もするけど。

自分が健康でも、家族の誰かが病気になったときには医療保険のおかげで質のよい医療を安く受けられるし、年を取ったら自分だって「医療保険があってよかった」って思うはず。

アメリカには国が定めた医療保険制度がなくて、個人で高額な保険に加入しなくてはならなかったんだって。保険に入っていないと医療費が高額になるから、病院に行けずに病気が悪化する人や、亡くなる人もいるって聞いたよ。

DATA1

日本の医療保険制度

現在の日本では国民健康保険法が制定されているため、すべての国民が全国どこでも、安く保健医療を受けることができます。これを国民皆保険制度と言います。この法律により、医療費の患者負担は義務教育就学前が2割、小学生以上、70歳以下は3割、70歳から74歳までは2割または3割、75歳以上の人は1割または3割で医療を受けることができます。また、子どもの医療費を無料とする自治体も増加傾向にあります。

DATA2

アメリカの医療保険

アメリカには、日本のような国民皆保険制度がなく、個人が高いお金を払って民間の医療保険に加入する必要がありましたが、オバマ政権の時代、「オバマケア」と称される医療保険制度の改革によって保険に入れる人が拡大しました。2020年にトランプ政権は、かえって低所得層や企業の負担が増すとしてオバマケアの無効化を連邦最高裁判所に求めましたが却下されました。

貧しい人は病院にも行けないのか……。どんな健康な人だって、いつ病気やケガをするかわからないから、やっぱり皆保険のほうが安心だし、必要な制度だと思うけど……。

でも、高齢化が進むと、国全体でかかる医療費が増えるわけでしょ？　そのお金は元気に働いている少数の若者が納める保険料なわけだから、どんどん保険料が高くなりそう。

大人の場合、国の定めた医療保険だけでなく、個人で入院保険やがん保険などに入っている人もいるよね。自分が健康だと思う人は、そういう保険は入らなければいいんじゃない?

でも、大きな病気をした人の中には、「個人保険に入っていたからお金の面で助かった」って言う人もいるよね。悩ましい……。

あなたの意見を書いてみよう！

DATA3

民間の医療保険の加入率

生命保険文化センターが2023年3月に発表した「生活保障に関する調査」によると、全国で民間の医療保険に加入している人の割合は全体で65.7％でした。年代別に見ると50歳代が男性70.9%、女性78.3％ともっとも高く、20歳代では男性28.5％、女性43.8％ともっとも低くなっています。

出典：(公財) 生命保険文化センター「2022（令和4）年度生活保障に関する調査」／ナビナビ保険「医療保険の加入率はどのくらい？ 年代別・世帯年収別に紹介」

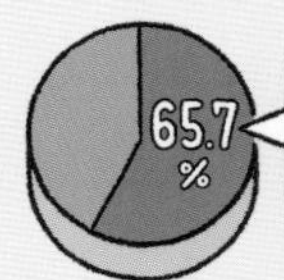

DATA4

高額療養費制度

日本では、1か月に自己負担で払った医療費が一定の額（自己負担限度額）を超えた場合、超過した分を払い戻してもらえるという高額療養費制度があります。医療費が人々の生活を圧迫することがないように導入されている制度です。自己負担限度額は年齢や年収によって異なりますが、民間の保険に入っていなくても、手厚い支援があることを知っておきましょう。

その後のはなし

安心のはなし

数日後、高熱を出してしまったクミは、
母親とともに病院に行きました。

家に帰り、ベッドに横になりながら
「病院代いくらだった？」
と質問するクミに、
母親は「タダよ」と答えます。

クミが驚いていると、母親は「中学校を卒業するまで、ウチの自治体は子どもの医療費を全額負担してくれるの」と話しました。

クミは、医療保険のありがたみを痛感しながら、眠りにつきました。

COLUMN 公的医療保険制度の問題点

国内の医療費は増え続けており、2018 年度には 45.3 兆円だった医療費は、2030 年度には 63.2 兆～ 63.5 兆円、2040 年度には 78.1 兆～ 80.2 兆円になると推計されています。医療保険が始まったころは高齢者の割合が少なく、働いている世代が納める保険料でこの制度を支えることができました。しかし、現在は少子高齢化が進んでいるため、現役世代が納める保険料だけでは制度を支えることが厳しくなりつつあります。

出典：厚生労働省「「2040 年を見据えた社会保障の将来見通し（議論の素材）」等について」「医療費の将来見通し」

11. 海外からの働き手

外国人労働者のはなし

サクラの父親は、食品加工工場を経営しています。
工場は自宅の隣にあり、従業員さんたちとは顔なじみで、
サクラにとっては家族みたいな存在です。

しかし、最近は仲のよかった従業員さんたちが
歳を取ってやめていくことが増えました。

サクラの父親は人手不足を解消するため
今は一人だけ雇っている外国人をもっと増やすことを検討しはじめました。
しかし、サクラは新しく入る外国の人とうまくやっていけるか
少し不安です。

Q. 外国人の労働者をもっと増やすべき？

この問題どう考える？

外国の人たちは文化も考え方も違うだろうから、受け入れる側が不安になる気持ちはわかるな。だけど、相手のことを何も知らないのに「怖い」って思うのは、やっぱり失礼な気もする。

少子高齢化が進んでいる国では、働き手を減らさないために、積極的に外国人を雇うべきだと思う。文化や考え方の違いは、一緒に働く機会が増えれば自然と解決していくのでは？

外国の人が増えると、自国の人が働ける場所が減って、自国の人の失業率が上がっちゃうんじゃない？

そんな気もするけど、「外国の人を受け入れたことで、その国の経済状況がよくなり、失業率も下がった」というデータもあるんだって。

DATA1

外国人を見かける機会が増えた？

2019年に行われた、「10年くらい前に比べて日本で外国人を見かける機会の増減」について聞いた調査によると、「増えた」と答えた人が87.7%で、「変わらない」が8.6%、「減った」と答えた人は1.2%でした。

出典：内閣府「外国人の受入れに伴う環境整備に関する世論調査（令和元年11月調査）」

DATA2

外国人労働者の数は？

厚生労働省の発表によると、2023年10月末時点の日本で働く外国人労働者数は約182万人で、前年比で約1万人増加しました。国籍別では、ベトナムがもっとも多く、次いで中国、フィリピンという順です。また、外国人を雇用している事業所数は約30万か所あります。

出典：厚生労働省「『外国人雇用状況』の届出状況まとめ（令和4年10月末現在）」

外国の人って必ずしもいい人たちばかりじゃないよね。もし、自分や身の回りの人が迷惑を受けたら、素直に受け入れられないかも。

それは自国の人だって一緒だよ。たしかに言葉の問題や、文化とか考え方の違いでスムーズにいかないことはあると思うけど、外国の人を受け入れることが当たり前になれば、それも解消されていくんじゃないかな？

多くの外国人が地域に集まった結果、自国の人たちと揉めたり、治安が悪くなったりした例もあるみたい。移住した先の文化や考えを学ぼうとしない人はイヤだな。

相手が自国について学んでくれることを期待するだけでいいのかな？　受け入れる側ができる工夫だってもっとあるはず。お互いを思いやる気持ちが大切だと思うんだ。

あなたの意見を書いてみよう！

DATA3

永住許可に必要な条件は？

2019年に行われた調査では、「外国人の永住許可に必要な条件」について、「犯罪歴がないこと」と答えた人が73.7%ともっとも多く、以下「税金や社会保険料を納めていること」が71.6%、「不法入国、不法残留、不法就労など出入国管理及び難民認定法に違反したことがないこと」が61.3%、「自力で暮らしていける程度の収入や資産があること」が53.9%でした。

出典：内閣府「基本的法制度に関する世論調査（令和元年11月調査）」

DATA4

技能実習制度

技能実習制度という、外国人が働きながら技能を学ぶことができる制度がありました。しかし、厳しい職場環境に置かれた実習生の失踪が相次ぎ、人権侵害などの問題点が指摘されたことから、これを廃止して新しい制度にする方針を政府は決めています（2024年5月時点）。

その後のはなし

外国人労働者のはなし

数か月後、工場に二人の新しい従業員さんが入りました。

一人は、語学留学のため日本に来たロンさんという男性です。
ロンさんは、実家が食品加工工場を経営しているので、
この国の工場のやり方を学びたいと思って応募した勉強家です。
もう一人のミカさんは、出稼ぎのためにこの国へ来たという女性です。
ミカさんは、自分が住んでいる部屋から自転車で通える職場を探したら、
この工場だったと言ってみんなを笑わせました。

サクラは二人が自己紹介する姿を見て、「まだどんな人なのかはわからないけど、実際に会うと二人とも優しそう」と感じ、ほっとしました。

COLUMN 多文化共生社会へ向けての課題

日本で暮らす外国人が年々増える一方で、差別や偏見のない多文化共生社会の実現については、いまだ課題が山積しています。多くの問題点が指摘され廃止が決定された技能実習制度（前ページDATA4）に代わる制度など、どんな国籍の人でも安心して日本で暮らせるようにするための制度や教育を整えていくことが重要な課題です。

12. 政治家って家業？

多様性のはなし

テレビでインタビューされている政治家たちを見たユイトの母親が、「出てるの、世襲議員だし、男ばっかりじゃない」とぼやきました。
ユイトが「世襲議員って何？」とたずねると、
母親は「親とか祖父とか、親族の地盤を受け継いで当選した議員のこと」と答えました。

ユイトが、「でも、政治家って選挙で公平に選ばれるんだよね？　だったら親が誰とか関係なく、実力がある人たちってことだよね？」と言うと、母親は「いいえ、こういう人たちは地盤だけじゃなく、知名度やお金なんかも親や親族から引き継いでいるから、選挙で有利なの」と答えました。

“日本の選挙は平等で公平”と思い込んでいたユイトは、ガッカリしてしまいました。

特定の人に有利な選挙って正しい？

この問題どう考える？

選挙に勝つためには「三バン」が必要って話は、私も聞いたことがある。

今、若い人たちの投票率が低いことが問題になっているけど、そういう状況では「応援している新人候補者がいても勝てない」って思って、あきらめちゃう気持ちもわかるかも。

その考え方は間違っていると思う。若い人が投票に行くことで、そういう状況を変えるべきなのでは？　積極的に選挙に行って、自分たちの意思や意見を示さないと。

たしかに、政治家っておじさんやおじいさんばっかりって印象だよね。立候補するのにお金がかかるから、若くて志のある人が出られないのかな？

DATA1

「三バン」とは？

「三バン」とは、「地盤」「看板」「カバン」のことで、地盤は地元の支援者や後援会、看板は知名度、カバンは資金力（選挙資金）を指します。世襲議員の場合、この「三バン」を親族から引き継ぐことが多いため、選挙の際に有利だと言われています。日本の政党ではとくに自民党に世襲議員が多く、約3割が世襲議員（2024年現在）で占められています。

DATA2

日本の政治家の平均年齢は？

2021年に行われた衆議院議員選挙では、大物議員の落選が相次いだことから「世代交代の選挙」とも言われました。しかし、当選者の平均年齢を過去2回と比較すると、2014年は53.04歳、2017年は54.74歳、そして2021年は55.53歳と、実は高齢化が進んでいます。

出典：NPO法人Mielka「世代交代は進んだのか？　～データから振り返る2021衆院選～」

政治家に女性が少ないことも問題だよね。国民は男女が半分ずつくらいなのに、政治家が男性ばっかりっておかしいと思う。

世襲議員とか、男女の割合の不均衡とかいろいろと問題があるのに、どうして選挙のしくみを変えられないんだろう？

法律や制度を変えるのは政治家だから、自分たちの不利益になりそうなことは進めづらいのかもね……。だけど、政治家を選んでいるのは国民だから、やっぱりみんなが選挙に行って、意思表示をするしかないのでは？

なるほど、不満があったら政治家のせいにするのではなく、自分たちで変えないといけないってことか。

あなたの意見を書いてみよう！

DATA3

日本の閣僚の平均年齢

2021年に公開された経済協力開発機構（OECD）の報告書によると、2018年の日本の閣僚（大臣）の平均年齢は62.4歳で、35か国中最高齢でした。

出典：OECD「Government at a Gance」

DATA4

女性議員比率の国際比較

2023年の調査では、女性議員比率の国際比較における日本の順位（衆議院女性議員比率）は、わずか10.3％で、186か国中164位でした。

出典：内閣府男女共同参画局「女性議員比率の国際比較」

その後のはなし

多様性のはなし

ユイトは仕事から帰ってきた父親に、「世襲議員ってどう思う？」と聞いてみました。

すると父親は「うーん、世襲議員だからって仕事ができないわけじゃないと思うぞ……」と歯切れの悪い答えです。それを聞いた母親が、「あなたも世襲社長みたいなものだしね」と言うと、「ハハッ」と父親は苦笑い。

ユイトの父親は、義理の父（ユイトの母親の父）が経営していた会社を継ぎ、社長をしています。仕事の話をすると、夫婦間で微妙な空気が流れることも。ユイトは、そんな両親の姿を見て「世襲って言っても、いろいろ大変なんだな」と思いました。

COLUMN 日本は“女性が働きにくい”国？

日本では結婚や出産のあとも働くことを希望する女性が増えていて、昔と比べて共働きの家庭が増加しました。しかし、保育園や幼稚園の数が足りない地域も多くあり、子どもを出産したあとに退職する女性の割合は３割を超えます。また、日本では政治家や企業の役員など政治・経済分野で、女性の比率がほかの先進国に比べて極めて低いというのが実状です。

出典：Gakken『世界がぐっと近くなるSDGsとボクらをつなぐ本』

13. 先輩の赤ちゃん

コタローの家には歳の離れた姉のカナエがいます。
カナエは社会人４年目で職場に対する不満があるようです。

「同じ課の女性の先輩が再来月に育休から復帰する予定だったんだけど、二人目を妊娠したから、またすぐに産休と育休に入るんだって。妊娠はめでたいんだけど、その分の仕事が私にも降りかかってくるから、素直にお祝いできない自分もいるのよ」
コタローが「どうしたらお姉ちゃんの気分は晴れるの？」と聞くと、カナエは「『迷惑かけてごめんね』って本人から言われたら、気が晴れるのかなぁ……」と、モヤモヤとした感じで答えました。

コタローは、子どもを産むのに「迷惑かけてごめんね」って言わなきゃいけないなんて、なんかイヤだなぁと思いました。

Q. 育児のために仕事を休むのは申し訳ないと思うべき？

この問題どう考える？

少子化が進んでいるんだから、子どもが増えるのはいいことでしょ。「申し訳ない」なんて思わずに堂々と休めばいいよ！

そりゃそうだけど、自分がいない分のカバーをしてくれる人に対して「産休、育休は当然の権利だから」という姿勢で接するのは、配慮が足りない気もするよ。

産休、育休で休む人の分は、会社側が別の人を雇って対処すべきでしょ。個人どうしのいざこざにならないように。

でも、人を雇うってお金がかかるからね。休んでいた人が復帰したら、新しく雇った人は解雇するってわけにもいかないし……。

DATA1

減り続ける出生数

1947～1949年の第1次ベビーブームの最盛期には年間約270万人、1971～1974年の第2次ベビーブームのときには約200万人の出生数がありました。しかし、1984年には150万人以下になり、2016年には100万人以下に減少。2023年の出生数は72万人でした。

出典：厚生労働省「令和5年（2023）人口動態統計月報年計（概数）の概況」

DATA2

シラク3原則

1993～1994年に過去最低の1.66という出生率を記録したフランスですが、2006年には2.00に回復しました。

①子どもを持つことで新たな経済的負担が生じないようにする。
②無料の保育所を完備する。
③育児休暇から3年後に女性が復帰した場合、その3年間はずっと勤務していたものとみなし、企業は受け入れなければならない。

という、当時のシラク大統領が打ち立てたシラク3原則が機能したからと言われています。

「子どもを産んで育てるのは大切なこと。サポートをできる限りします」って国が率先して動いていかないと、少子化は解決しないよ。個人だけでなく企業にも補助するとか？

それじゃ税金が高くなるよ。僕は結婚する気もないし、不公平に感じるな。そもそもさ、結婚するとか子どもを持つとかって、個人の判断でしょ。国が補助しないといけないの？

それはしたほうがいいよ。子どもが減ると、働いたり消費したりして、世の中を活性化する人が減るんだから。税金を納める人も減るし。子育て支援は社会全体でしなきゃ。

みんな自分のことでいっぱいいっぱいなんだよな。余裕がないと、子育てする人にも優しくなれないよね。

あなたの意見を書いてみよう！

DATA3

未婚率の上昇

国立社会保障・人口問題研究所の「人口統計資料集（2023年）」によると、2020（令和2）年の「50歳時の未婚率」は男性が28.25%、女性が17.81%でした。晩婚化、非婚化の増加は、少子化に直接的な影響をもたらしています。

50歳時の未婚率

年次	男性	女性
1960年	1.26%	1.88%
1970年	1.70%	3.33%
1980年	2.60%	4.45%
1990年	5.57%	4.33%
2000年	12.57%	5.82%
2010年	20.14%	10.61%
2020年	28.25%	17.81%

出典：国立社会保障・人口問題研究所「人口統計資料集（2023）」

その後のはなし

子育てと社会のはなし

後日、カナエがニコニコした顔で仕事から帰ってきたのを見て、コタローは「うれしそうだね。何かあったの？」と聞きました。

「今日、先輩が赤ちゃんを連れて会社の近くまで来てくれたからランチに行ったの。赤ちゃん、ほっぺたとか二の腕とか、プニプニでかわいかった～」と、一緒に撮った写真を見せてくれました。

「先輩は『迷惑かけてごめんね』って言ってくれたけど、そんなことどうでもいいなって思った。子育てってすごく大事なことだもん。でも、自分の生活も大事にしたいから、上司には人員補充をするか、しっかり私たちのことを評価するように主張するけどね」

何かが吹っ切れた様子の姉に心強さを感じるコタローでした。

COLUMN 少子化の原因は？

日本における少子化の原因の一つに、非婚化や晩婚化が進んでいることがあげられます。また、「失われた30年」と呼ばれる長い不景気で、育児に対する経済的な負担が大きくなっていることも要因の一つとされています。ほかにも、育児や家事に対する女性の負担が大きいこと、国の育児政策の問題など、少子化をめぐっては、解決すべきさまざまな問題が指摘されています。

14. 幸せって何？

経済成長のはなし

ヤスシの父親は45歳。毎日のように、残業で帰りが遅くなり、休みの日でもパソコンに向かって仕事をしていることがあります。

ヤスシは同居している祖父に、「なんで父さんはあんなに働くのかな？もっとゆっくりできればいいのに」と言いました。
祖父は「パソコンやインターネットが世の中に広まり便利になって、仕事はラクになるかと思ったら、そうじゃなかった……」と言うのでした。
「なんでラクにならないの？」とヤスシが聞くと、
「みんなが便利な世の中を求め続けるからだろうね」と祖父は答えます。

ヤスシは、「"便利＝幸せ" じゃないのか。昔のほうがよかったってこと？」と、頭を悩ませてしまいました。

経済成長のはなし

Q. 昔のほうが幸せだった？

この問題どう考える？

100年くらい前に、「100年後は1日3時間ほど働けば十分に生きていける社会がやってくる」と言った経済学者がいたんだって。予想が外れちゃったね。

今はパソコンやインターネットもあるし、いろいろな仕事は機械化されているし、仕事の速度は100年前よりもすごく速くなったはず。なんで労働時間はそんなに減らないんだろう？

便利になった技術を使って、同じ時間でより多くの仕事をしているんだよ。企業はたくさんものを作ったり、よりよいサービスを作り出したりして儲けを増やそうと思うのさ。

そうしていろいろな企業が競争をすることで、世の中には、安くて便利なサービスがあふれるんだね。

DATA1

ケインズの予想

イギリスの経済学者のケインズは、1930年に「孫の世代の経済的可能性」という講演において、「100年後には1日に3時間働けば十分に生きていける社会がやってくるだろう」と予言しました。

DATA2

資本主義とは

個人が自由にお金儲けできる社会のことを資本主義社会と言います。みんなが自由に競争をすることで経済が成長し、世の中が発展します。

でも、もう十分便利な世の中だと思わない？消費者が便利さを求めすぎると、働く人がつらくなっちゃうよ。そんなの幸せじゃない！

だから働く人を守るために"働き方改革"が叫ばれているわけだ。働く人が頑張りすぎて、労働時間が増えすぎないようにね。

でも、まだ見ぬ新しい商品や技術に期待しちゃうな。たとえば、誰でも空を飛べる道具とか。

それは素敵だけど、誰かの犠牲のうえで成り立つような進歩や発展なら、僕はイヤだな。人にも環境にも優しい進歩や発展を求めたいよ。

あなたの意見を書いてみよう！

DATA3

株主資本主義

企業経営においては株主の利益を最大化すべき、という考え方を株主資本主義と言い、アメリカでは主流とされてきた経営方針です。株主の利益のために、従業員は売り上げと利益のノルマを課されて、それを達成するために一生懸命に働きます。

DATA4

ステークホルダー資本主義

株主資本主義では短期的な株主の利益の最大化がもっとも重要と位置づけられていて、その結果、従業員や環境などに負荷をかけるという問題が生じました。それを改めるべく、株主・顧客・取引先・従業員などの、利害関係者（ステークホルダー）をすべて大事にした経営をしようという、ステークホルダー資本主義という考え方が広がってきています。

その後のはなし

経済成長のはなし

夜の10時過ぎに会社から帰ってきた父親に「お仕事忙しそうだね」と声をかけたヤスシ。

父親は「そうだな。忙しいけど、いま大きなプロジェクトを任されていてやりがいはあるんだ。このプロジェクトが成功したら、世界中を驚かせる大ニュースになるぞ」と目を輝かせます。

ヤスシはそんな父親をかっこいいと思いましたが、「忙しすぎて倒れないように、体には気をつけてよ」と、注文もつけるのでした。

COLUMN 世界でいちばん貧しい大統領

ウルグアイの第40代大統領を務めたホセ・ムヒカさんは、2012年6月、国連の「持続可能な開発会議」のスピーチで「貧乏とは少ししか持っていないことではなく、無限に多くを必要とし、もっともっとと欲しがることです」などと語り、聴衆から拍手喝采を浴びました。「世界でいちばん貧しい大統領」として話題になったムヒカさんは、本当の幸福のあり方は何かと私たちに問いかけたのでした。

スマイル〜
カシャ

こうして地球をじっくり見学した八人は、
ノコレクト星に帰りました。
早速八人は、それぞれ自分の国に帰る……前に
ワー
ワー
パシャ
パシャ
共同記者会見に臨みました。
カシャ
パシャ
えーっ

これから、みなさんに
大事なことを
お伝えします。
今の僕らの課題は、
すぐに解決できない
難しいもの
ばかりです。
精一杯頑張りますが、
リーダーだけではどうにも
なりません。
そうだ！
そうだ！
みんなが
自分で
考えて
もっとよい社会を
つくるために
行動する
必要が
あります！
一緒に
頑張りましょう！
オー

それから八人は、課題の解決に粘り強く取り組み……
そうですね
なるほど！
たしかに…
へぇ〜
はいはい
ほー
参考にします
ふむふむ
国どうしの協力が必要な問題には、
一致団結して取り組みました。
がんばるぞー

彼らは今でも問題が起こると
地球に視察に来て学んでいるようです。
もしかしたらあなたの周りに
彼らがひそんでいるかもしれません。
おしまい。

あ

アルコール依存症 …… 38
アンコンシャス・バイアス …… 34
ESG投資 …… 74
一極集中 …… 69
医療保険 …… 118, 120
AI（人工知能） …… 93
永住許可 …… 123
ODA（政府開発援助） …… 103, 104

か

外国人労働者 …… 121, 122
介護離職 …… 42
外来種 …… 48, 49, 50
格差 …… 26, 28
カスタマーハラスメント …… 90
火力発電 …… 56, 58
環境ビジネス …… 72
企業の社会的責任 …… 72
技能実習制度 …… 123
義務教育 …… 82
教育虐待 …… 32
軍事力 …… 113
経済成長 …… 133
原子力発電 …… 57
高額療養費制度 …… 119
昆虫食 …… 66

さ

再生可能エネルギー …… 57, 58
里山 …… 53
自衛隊 …… 114
児童労働 …… 110
資本主義 …… 134
出生数 …… 130
障害の社会モデル …… 35
奨学金 …… 19
少子化 …… 20, 130, 132
食料自給率 …… 107
シラク３原則 …… 130
シンギュラリティ …… 96
人口 …… 68, 105
スマホ …… 108
税金 …… 19, 27
生態系 …… 48
世襲議員 …… 125
選挙 …… 126
先進国 …… 59

た

脱学校論 …… 84
タックスヘイブン …… 27
多文化共生 …… 124
地球温暖化 …… 55, 56, 60
定年 …… 88
途上国 …… 59, 102

な

二酸化炭素排出量 …… 56, 59, 61, 76

は

働き方改革 …… 135
バーチャルウォーター …… 64
発展途上国 …… 59, 102
パラスポーツ …… 34
貧困 …… 110
フェアトレード …… 109, 110
ブラック企業 …… 99
ベーシックインカム …… 87
防衛費 …… 113, 115
募金 …… 14, 15, 16

ま

未婚率 …… 131

や

ヤングケアラー …… 43

ら

累進課税 …… 27
ルッキズム …… 22, 23
労働 …… 85, 109
労働基準法 …… 111
老々介護 …… 44

正解のない問題集

ボクらの課題編

2024年7月23日　初版第1刷発行

監修　池上 彰

発行人　土屋 徹

編集人　芳賀靖彦

編集長　宮﨑 純

発行所　株式会社Gakken

〒141-8416　東京都品川区西五反田 2-11-8

DTP　株式会社四国写研

印刷所　株式会社リーブルテック

この本に関する各種お問い合わせ先

・本の内容については、下記サイトのお問い合わせフォームよりお願いします。
https://www.corp-gakken.co.jp/contact/

・在庫については Tel 03-6431-1197（販売部）

・不良品（落丁、乱丁）については
Tel 0570-000577　学研業務センター
〒354-0045　埼玉県入間郡三芳町上富 279-1

・上記以外のお問い合わせは
Tel 0570-056-710（学研グループ総合案内）

学研グループの書籍・雑誌についての新刊情報・詳細情報は、下記をご覧ください。

学研出版サイト https://hon.gakken.jp/

デザイン
佐藤亜沙美
（サトウサンカイ）

執筆・編集協力
小芝俊亮
（株式会社小道舎）
株式会社 G.B.

キャラクターイラスト・マンガ
Postics

テーマイラスト
杉江慎介

データイラスト
白井 匠

校正
秋下幸恵
株式会社鷗来堂
佐野秀好
遠藤理恵

企画・編集
鈴木銀河
宮﨑 純